図解即戦力  オールカラーの豊富な図解と
丁寧な解説でわかりやすい！

# ホテル業界の
## しくみとビジネスが
## しっかりわかる教科書
### これ1冊で

吉田 雅也
Masaya Yoshida

技術評論社

ご注意：ご購入・ご利用の前に必ずお読みください

■免責

本書に記載された内容は、情報の提供のみを目的としています。したがって、本書を用いた運用は、必ずお客様自身の責任と判断によって行ってください。これらの情報の運用の結果について、技術評論社および著者または監修者は、いかなる責任も負いません。

また、本書に記載された情報は、特に断りのない限り、2024年9月末日現在での情報を元にしています。情報は予告なく変更される場合があります。

以上の注意事項をご承諾いただいた上で、本書をご利用願います。これらの注意事項をお読み頂かずにお問い合わせ頂いても、技術評論社および著者または監修者は対処しかねます。あらかじめご承知おきください。

■商標、登録商標について

本書中に記載されている会社名、団体名、製品名、サービス名などは、それぞれの会社・団体の商標、登録商標、商品名です。なお、本文中に™マーク、®マーク、©マークは明記しておりません。会社名や団体名の株式会社などの表示は省略しております。

# はじめに

　コロナ禍を経て、現在我が国を訪れる外国人旅行者（インバウンド）は激増しています。日本政府は「観光立国」の旗印を掲げて、観光業を日本経済の柱とすべく、諸施策を推進しています。日本を訪れる旅行者にとって、ホテルの存在は欠かせません。旺盛な宿泊需要の高まりに伴って、多くのホテルが建設され続けています。

　近代日本経済の父と称される渋沢栄一は、大倉喜八郎らとともに帝国ホテルを創業して、初代会長を務めました。渋沢は帝国ホテルの従業員に対して、次のように語りかけました。

　「色々の風俗習慣の、色々の国のお客を送迎することは、大変にご苦労なことである。骨の折れる仕事である。然乍ら君達が丁寧に能く尽して呉れゝば、世界中から集り世界の隅々に帰つて行く人達に日本を忘れずに帰らせ、一生日本をなつかしく思出させることの出来る、国家の為にも非常に大切な仕事である。精進してやつて下さいよ」

　渋沢は会長職を退いた後も、帝国ホテルの経営に力を注ぎました。彼はホテルに対して、外国人客を受け入れて外貨を稼ぐことだけでなく、あたたかなホスピタリティを提供することによって、日本のファンをつくる、いわば民間大使のような役割を期待していたと言えるでしょう。

　現代のホテルは、旅人に食事と寝床を与えるだけでなく、さまざまなエンターテインメントやアメニティを提供するもの、日常生活とは異なるライフスタイルを体験できる施設など、多様化しています。

　本書では、我が国の観光の現状分析から、ホテル経営の基礎知識と経営課題、主要なホテルチェーンの概要、マーケティング手法やDXなどの最新動向までを紹介します。

　今後、さらなる成長が期待されるホテル産業は、経済的にも、また諸外国との文化交流の拠点としても、重要な役割を担っています。本書を手に取ってくださった読者の方々が、将来ホテル産業に携わり、日本の観光業を牽引していくことを願ってやみません。

　さあ、ホテルビジネスを探求する旅に出かけましょう！

吉田　雅也

# CONTENTS

はじめに ……………………………………………………………… 3

## Chapter 1

# ホテル業界の最新動向

**01** ホテル業界の現状
アフターコロナの観光と宿泊産業の現状 ……………………… 12

**02** ホテル業界に期待される役割
国策としての「観光立国」とホテルの役割 …………………… 14

**03** インバウンド旅行者の最新動向
インバウンド旅行者の消費額は過去最高を記録 ……………… 16

**04** 国内旅行の最新動向
国内旅行の消費額はコロナ前水準まで回復 …………………… 18

**05** ホテル業界の課題①
インバウンドにおける地域格差の拡大 ………………………… 20

**06** ホテル業界の課題②
人手不足の深刻化　宿泊業従事者の待遇改善が急務 ………… 22

**07** 旅行者のニーズの変化
国際旅行者と訪日旅行者のニーズ ……………………………… 24

**08** ホテル業界のサステナビリティ
高まるサステナビリティへの関心　環境配慮と地域貢献 …… 26

**09** ユニバーサルツーリズム
ユニバーサルツーリズムの推進　「施設」と「心」のバリアフリー … 28

**10** 旅館業法の改正
カスタマーハラスメントを繰り返す客の宿泊拒否が可能に … 30

**COLUMN 1**
IRの動向とカジノホテル ………………………………………… 32

## Chapter 2

# ホテル業界の基礎知識

**01** ホテルの歴史（欧米編）
高級ホテルと低価格ホテルの誕生 ……………………………… 34

**02** ホテルの歴史（日本編）
日本におけるホテルの誕生と発展 ……………………………… 36

004

**03** 宿泊施設の分類
宿泊施設の分類と軒数の推移 ………………………………… 38

**04** 旅館
ホテルと旅館の違い　ホテルは洋室、旅館は和室が基本 ………… 40

**05** ホテル業態の種類①
ホテルの分類方法と日本におけるホテルの分類 ………………… 42

**06** ホテル業態の種類②
宿泊、食堂、宴会機能をフル装備したシティホテル …………… 44

**07** ホテル業態の種類③
リゾートホテル　レジャーのための多様なホテル ……………… 46

**08** ホテル業態の種類④
ビジネスホテルの展開と宿泊特化型ホテル ……………………… 48

**09** ホテル業態の種類⑤
ブティックホテルとライフスタイルホテル …………………… 50

**10** 民泊
民泊の台頭と課題 …………………………………………… 52

**COLUMN 2**

Airbnbはなぜ成功したのか？ ………………………………… 54

# Chapter **3**

# ホテルビジネスのしくみ

**01** ホテルビジネスの特性
装置産業・労働集約産業としてのホテルビジネスの特性 ………… 56

**02** ホテルビジネスの機能
ホテルビジネスの３つの機能　所有、経営、運営 ……………… 58

**03** ホテルの経営形態①
オーナーが自ら経営・運営を行う所有直営方式 ………………… 60

**04** ホテルの経営形態②
物件を賃借して運営するリース方式 ……………………………… 62

**05** ホテルの経営形態③
本部のブランド力を活用するフランチャイズ契約方式 ………… 64

**06** ホテルの経営形態④
オペレーターが経営陣を派遣するマネジメント・コントラクト方式 …… 66

**07** ホテルの経営形態の変遷
「持たざる経営」へのシフト　所有・リースからMC・FCへ …… 68

**08** 業務提携
アフェリエイト、リファーラル　さまざまな業務提携のタイプ … 70

**09** 施設外のビジネス
本業のノウハウや施設を活用したホテル施設外のビジネス …… 72

**10** 再生ビジネス
ホテル・旅館の再生ビジネスとREITのしくみ ………………… 74

**COLUMN 3**

ホテルオーナーとオペレーターの役割と緊張関係 ……………… 76


## Chapter 4

# ホテルの収益構造

**01** 宿泊部門①
客室ビジネスの特性と顧客セグメント ………………………… 78

**02** 宿泊部門②
客室ビジネスの業績を評価するOCC・ADR・RevPAR ………… 80

**03** 宿泊部門③
需要に応じて価格を変動させるレベニューマネジメント ……… 82

**04** 食堂部門①
レストランビジネスの特性と販売戦略 ………………………… 84

**05** 食堂部門②
レストランビジネスの３つの指標　客席回転数、平均客単価、
RevPASH ………………………………………………………… 86

**06** 宴会部門①
さまざまな用途に対応する一般宴会ビジネス ………………… 88

**07** 宴会部門②
総合力やオリジナリティが求められるホテルウエディング ……… 90

**08** 宴会部門③
宴会ビジネスの２つの指標　宴会件数、平均客単価 …………… 92

**09** その他の部門
その他の収入　Other Income ………………………………… 94

**COLUMN 4**

予算管理とフォーキャスト …………………………………… 96


## Chapter 5

# ホテル業界の業界地図（国内ホテル）

**01** 国内ホテルチェーン①
帝国ホテル　日本を代表するシティホテル …………………… 98

**02** 国内ホテルチェーン②
ホテルオークラ　海外にも積極展開する御三家 ……………… 100

**03** 国内ホテルチェーン③
ニュー・オータニ　創業者の「NEW」へのこだわり …………… 102

**04** 国内ホテルチェーン④
西武ホールディングス　持たざる経営へのシフトを目指す ……… 104

**05** 国内ホテルチェーン⑤
東急ホテルズ＆リゾーツ　マルチ・ブランド戦略による展開 …… 106

**06** 国内ホテルチェーン⑥
藤田観光　ラグジュアリーからビジネスまで ………………… 108

**07** 国内ホテルチェーン⑦
パレスホテル　国内発のラグジュアリーホテル ……………… 110

**08** 国内ホテルチェーン⑧
ロイヤルホテル　ホテルオペレーターへの転換 ……………… 112

**09** 国内ホテルチェーン⑨
森トラスト　会員制リゾートとホテル開発 …………………… 114

**10** 国内ホテルチェーン⑩
三井不動産グループ　宿泊主体型からラグジュアリーまで …… 116

**11** 国内ホテルチェーン⑪
ミリアルリゾートホテルズ　東京ディズニーリゾートのホテル …… 118

**12** 国内ホテルチェーン⑫
星野リゾート　軽井沢から日本全国、世界へ ………………… 120

**13** 国内ホテルチェーン⑬
アパホテル　逆張りの経営とキャッシュバック ……………… 122

**14** 国内ホテルチェーン⑭
ルートインジャパン　ロードサイドの宿泊特化型ホテル ……… 124

**15** 国内ホテルチェーン⑮
東横イン　コストの削減による低価格の実現 ………………… 126

**16** 国内ホテルチェーン⑯
共立メンテナンス　ドーミーインとリゾートを運営 ………… 128

**COLUMN 5**
サービス・プロフィット・チェーンとワーク・エンゲージメント …… 130


# Chapter 6

# ホテル業界の業界地図（インターナショナル）

**01** インターナショナルホテルチェーン①
世界最大のホテルチェーン　マリオット・インターナショナル …… 132

**02** インターナショナルホテルチェーン②
ホテル王が創った100年企業　ヒルトン ……………………… 134

**03** インターナショナルホテルチェーン③
デザインにこだわるホテルチェーン
ハイアットホテルズ＆リゾーツ ………………………………… 136

**04** インターナショナルホテルチェーン④
英国拠点のホテルチェーン　IHGホテルズ＆リゾーツ ………… 138

**05** インターナショナルホテルチェーン⑤
フランス発の巨大ホテルチェーン　アコーグループ ················ 140

**06** インターナショナルホテルチェーン⑥
アジア発の最高級ホテルチェーン　マンダリン・オリエンタルホテル ···· 142

**07** インターナショナルホテルチェーン⑦
カナダ発のラグジュアリーホテル　フォーシーズンズ・ホテルズ ···· 144

**08** インターナショナルホテルチェーン⑧
アジア発のラグジュアリーブランド　ペニンシュラとシャングリ・ラ ···· 146

**09** インターナショナルホテルチェーン⑨
タイ発祥のホテルチェーン　センタラとデュシット ················ 148

**COLUMN 6**
外資系ラグジュアリーホテルが注目するRyokanスタイル ············· 150

# Chapter 7

# ホテルの職種と求められるスキル

**01** ホテル業界の魅力
待遇改善が進むホテル業界　ホテル業界で働く魅力 ··············· 152

**02** 組織構造
ホテルの組織と職種 ································ 154

**03** 宿泊部門
宿泊するゲストにサービスを提供する　宿泊部門 ··················· 156

**04** 食堂部門
食を提供するスペシャリスト　食堂部門 ··························· 158

**05** 宴会部門
プランニングから運営まで行う　宴会部門 ························· 160

**06** セールス＆マーケティング部門
ホテルの魅力を伝えて売上につなげる
セールス＆マーケティング部門 ································ 162

**07** 管理部門
ホテルの「縁の下の力持ち」　管理部門 ··························· 164

**08** マネジメント部門
ホテルにおけるマネジメント　現場の最高責任者・総支配人 ···· 166

**09** キャリアパス
ホテリエのキャリアパス　サービス現場からマネジメントへ ····· 168

**10** 人材育成
人材育成とトレーニング制度　「人財」を育てるための投資 ···· 170

**COLUMN 7**
ホテル業界での多様な働き方 ································ 172

# Chapter 8
# ホテルのマーケティング戦略

**01** ホテルマーケティングの概要
プッシュ戦略とプル戦略 ······················································ 174

**02** マーケティング・コミュニケーションの種類①
メディアの広告枠を購入する　広告宣伝 ······························· 176

**03** マーケティング・コミュニケーションの種類②
広告費をかけない広報活動　パブリック・リレーションズ ······· 178

**04** マーケティング・コミュニケーションの種類③
デジタル・マーケティング　SOEPにおける販売促進活動 ······· 180

**05** マーケティング・コミュニケーションの種類④
レピュテーションマネジメントとSNS ···································· 182

**06** マーケティング・コミュニケーションの種類⑤
OTA、メタサーチとの共存関係　圧倒的な知名度と集客力 ······ 184

**07** マーケティング・コミュニケーションの種類⑥
顧客のリピートを促す仕掛け　ホテルイベント企画 ················ 186

**08** ブランドマネジメント
ブランドマネジメント　ブランドスタンダードの遵守 ·············· 188

**09** メンバーシップ制度
会員特典による顧客の囲い込み　メンバーシップ制度（会員組織）···· 190

**10** ホテルの格付け
ホテルの格付けと評価　第三者機関とクチコミランキング ······· 192

**COLUMN 8**

他社ブランドやキャラクターとのコラボレーション ························ 194

# Chapter 9
# ホテルのITとDX

**01** ホテル基幹業務システム
PMS、POSシステムとホテル基幹業務システム ····················· 196

**02** レベニューマネジメントシステム
AIによる客室価格の算出　レベニューマネジメントシステム ···· 198

**03** サイトコントローラー
PMSと宿泊予約サイトの連携　サイトコントローラー ·············· 200

**04** CRMシステム
顧客との関係性を深める　CRMシステム ······························· 202

**05** ICT
非対面・非接触サービスの広がり　ICTの活用による省人化 ···· 204

**06** スマートフォンアプリ
進化するホテルアプリ　スマートフォンによる利便性 …………… 206

**07** チャットボットシステム
チャットボットシステムのメリットと限界 ……………………… 208

**08** センシング技術
センシング技術によるサービス向上と業務効率化 ……………… 210

**09** ロボット
ロボティクス技術の応用　ロボットによる人手不足対応 ……… 212

**COLUMN 9**
DXでホテルの仕事はどのように変化するのか？ ………………… 214

# Chapter 10
# ホテル業界の将来の展望

**01** ホスピタリティ産業の再定義
Airbnbがもたらしたパラダイムシフト ………………………… 216

**02** 都市型観光ホテル
都市型観光ホテル「OMO」　星野リゾートの挑戦 ……………… 218

**03** 体験型ホテル
求められる体験価値　本物のラグジュアリーとは？ …………… 220

**04** 長期滞在型ホテル
暮らすようにホテルに泊まる　長期滞在ホテルが人気を集める … 222

**05** サブスク型ホテル
進化するサブスク型ホテル　閑散期の稼働率向上 ……………… 224

**06** 分散型ホテル
分散型ホテルと地域活性化　古民家で「地域丸ごとホテル」… 226

**07** ダイバーシティ＆インクルージョン
すべての人が安心して滞在　多様な人々への配慮と対応 ……… 228

**08** 人材育成
ホテリエのモチベーションの源泉　エンパワメントとパーパス … 230

**09** ホテル業界の課題
今後のホテル業界の課題　人材育成と地域との協働 …………… 232

索引 ………………………………………………………………… 234

# 第 1 章

# ホテル業界の最新動向

ホテル業界はコロナ禍により大きな打撃を受けましたが、2023年以降、需要は回復基調にあり、今後も成長が期待されます。訪日外国人客のニーズへの対応や、サステナビリティ、ユニバーサルツーリズムの取組など、ホテル業界の最新動向を見ていきましょう。

ホテル業界の現状

# アフターコロナの観光と宿泊産業の現状

世界の観光は、コロナ禍によって大きな打撃を受けましたが、2023年に入って大きく回復しました。とくに日本では、インバウンド（訪日外国人旅行客）による消費額は過去最高を記録し、宿泊産業も活況を呈しています。

## コロナ禍からの復活

2019年に発生した新型コロナウイルス感染症（COVID-19）の影響によって、世界の観光は大きな打撃を受けました。感染対策の規制緩和にともなって、観光は勢いを取り戻しつつあります。国連世界観光機関（UN Tourism）の発表によると、2023年に世界の国際観光客到着数は2019年の水準の89％に、観光輸出収入は96％にまで回復しました。

観光白書によると、日本国内における2023年の旅行消費額は、28.1兆円でした。この数字はコロナ禍前の2019年実績を0.5％上回る結果です。内訳として、日本人による旅行消費額は22.8兆円（2019年比1.5％減）でしたが、訪日外国人旅行者による旅行消費額は5.3兆円（同10.2％増）と大きくプラスに転じました。コロナ禍で自由に外出することができなかった反動（リベンジ消費）と、デスティネーション（旅行目的地）としての日本への注目の高まり、そして円安傾向がこのような結果をもたらしたと考えられます。一方、2023年の日本人による海外旅行者数は962.4万人（2019年比52.1％減）であり、回復が遅れています。

## 宿泊旅行の状況

旅行者数の回復にともなって、2023年の日本国内のホテル、旅館等における延べ宿泊者数は、5億9,275万人泊（2019年比0.5％減）となりました。なかでも三大都市圏の宿泊者数は、日本人、外国人ともに2019年を上回りましたが、それ以外の地域では下回っています。ただし外国人宿泊者数が増加し、また1人あたりの消費額が増加しているため、宿泊費の平均単価は増加しています。

---

**観光輸出収入**
国際観光による収入のこと。貿易収益（輸出）として計上される。

**三大都市圏**
東京都、神奈川県、千葉県、埼玉県、愛知県、大阪府、京都府、兵庫県の8都府県。

## ▶ 日本国内における旅行消費額

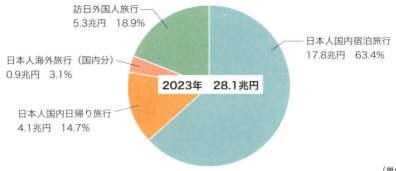

(単位：兆円)

|  | 2014年 | 2015年 | 2016年 | 2017年 | 2018年 | 2019年 | 2020年 | 2021年 | 2022年 | 2023年 |
|---|---|---|---|---|---|---|---|---|---|---|
| 日本人国内宿泊旅行 | 13.9 | 15.8 | 16.0 | 16.1 | 15.8 | 17.2 | 7.8 | 7.0 | 13.7 | 17.8 |
| 日本人国内日帰り旅行 | 4.5 | 4.6 | 4.9 | 5.0 | 4.7 | 4.8 | 2.2 | 2.2 | 3.4 | 4.1 |
| 日本人海外旅行（国内分） | 1.1 | 1.0 | 1.1 | 1.2 | 1.1 | 1.2 | 0.3 | 0.1 | 0.6 | 0.9 |
| 訪日外国人旅行 | 2.0 | 3.5 | 3.7 | 4.4 | 4.5 | 4.8 | 0.7 | 0.1 | 0.9 | 5.3 |
| 合計 | 21.6 | 24.8 | 25.8 | 26.7 | 26.1 | 27.9 | 11.0 | 9.4 | 18.7 | 28.1 |

※観光庁「旅行・観光消費動向調査」及び「訪日外国人消費動向調査」に基づき作成
※2020年から2022年までの「日本人海外旅行（国内分）」及び「訪日外国人旅行」は、新型コロナウイルス感染症の影響により試算値
※四捨五入した値を表示しているため、個々の数値の合計は必ずしも総数と一致しない
出所：国土交通省観光庁「令和6年版 観光白書」

## ▶ 日本国内の延べ宿泊者数

出所：国土交通省観光庁「令和6年版 観光白書」

**Chapter1**
**02**

ホテル業界に期待される役割

# 国策としての「観光立国」と
# ホテルの役割

日本政府は「観光立国」を掲げて、とくに訪日外国人客（インバウンド）の
誘致に注力しています。観光は外貨を稼ぐ輸出産業であると同時に、地域に
愛着を持つファンを生み出し、国際的な相互理解を促進します。

## 観光立国推進基本計画

「観光立国」とは、特色ある自然環境や都市景観、文化施設などを整備することによって、国内外の観光客を誘致して、消費を喚起し、国の経済を支える基盤の1つにすることです。

2023年3月に閣議決定された「観光立国推進基本計画」には、次のように記されています。

**交流人口**
地域に訪れる人、または交流する人のこと。観光客など。

**関係人口**
地域と多様に関わる人のこと。地域に愛着を持って訪れる人が多い。

「人口が減り、少子高齢化が進む中、交流人口・関係人口の拡大は地域の活力の維持・発展に不可欠である。我が国には、国内外の観光旅行者を魅了する素晴らしい『自然、気候、文化、食』が揃っており、新型コロナウイルス感染症によってもこれらの魅力は失われていない。ウィズコロナ・ポストコロナにおいても、観光を通じた国内外との交流人口の拡大の重要性に変わりはなく、観光は今後とも成長戦略の柱、地域活性化の切り札である。」

このように日本政府は、今後の日本経済の牽引役として、観光に大きな期待を寄せているのです。

## ホテルが果たす役割

外国人旅行者を迎えるにあたって、リラックスできる安全な宿と食事を提供するホテルは必須の存在です。訪日外国人旅行者の平均泊数は、コロナ前と比較して6.2泊から6.9泊に長期化しました。また宿泊費単価も4.4万円から7.0万円に増加し、消費単価全体の3分の1を占めるようになりました。

日本ならではのおもてなしの精神をもって、訪日客に真心をこめたサービスを提供することで、旅人にとって忘れられない思い出をつくることができれば、日本に対する印象をよくすることができ、リピーター獲得にもつながることでしょう。

014

## ▶ 観光立国推進基本計画の基本的な方針

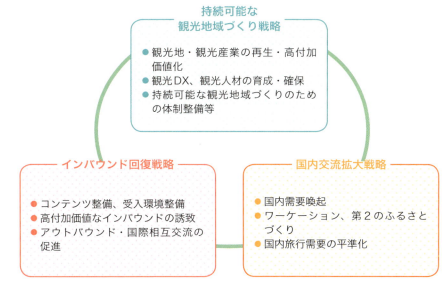

出所：国土交通省「観光立国推進基本計画（第4次）概要」をもとに作成

## ▶ 訪日外国人旅行者の消費単価及び平均泊数

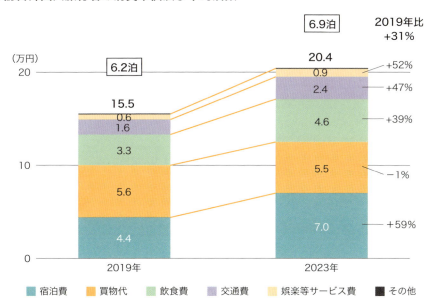

出所：国土交通省観光庁「令和6年版 観光白書」

Chapter1
03

インバウンド旅行者の最新動向

# インバウンド旅行者の消費額は過去最高を記録

訪日外国人旅行者数は増加傾向にありますが、未だ2019年の水準には戻っていません。しかしインバウンド消費額は過去最高を記録しました。歴史的な円安傾向と、日本の物価の割安感が、財布の紐を緩めたと考えられます。

## 訪日外国人旅行者数と費目別消費額の変化

2023年の訪日外国人旅行者数は2,506万6千人で、前年の383万人を大きく上回りましたが、2019年の3,188万人の水準には戻っていません。国籍別では、韓国696万人、台湾420万人、中国243万人、香港211万人と、東アジアが全体の62.6%を占めています。中国からの訪日客は、2019年には959万人であったことと比較すると、4分の1以下になりました。背景には、中国経済の状況や日中関係などが影響していると考えられます。

インバウンド消費額は5兆3,065億円（2019年比10.2%増）で過去最高を記録しました。国別の消費額は台湾7,835億円、中国7,604億円、韓国7,392億円、米国6,070億円、香港4,800億円でした。消費額を費目別にみると、宿泊費が1兆8,345億円で、全体に占める割合は34.6%と最も多くなっています。2019年の消費額は買物代が1兆6,690億円で宿泊代よりも多かったのですが、「爆買い」で有名な中国からの訪日客が減少したことが大きく影響して、順位が逆転したものと考えられます。

## インバウンド消費額が急伸した要因

2023年の訪日外国人旅行者数は2019年の8割以下であったにもかかわらず、消費額が10%増加したことは、1人あたりの消費単価が上昇したことを意味します。

日本の消費者物価指数（総合）は、2023年末には2019年と比べて約7%上昇していますが、米国では約20%上昇、欧州各国でも15%以上上昇していることと比較すると、緩やかな上昇にとどまっています。さらに歴史的な円安傾向と相まって、日本の割安感が強まり、訪日外国人の消費を促した可能性があります。

**爆買い**
主に訪日中国人観光客による大量の購買行動を指す。2014年頃から、メディア等で訪日中国人がブランド品や化粧品・医薬品など様々な商品を大量に買い込む姿を「爆買い」と表現するようになった。

## ▶ 訪日外国人旅行者の内訳

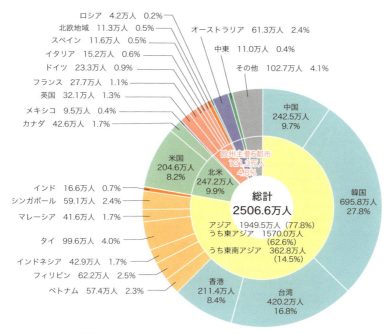

※日本政府観光局（JNTO）資料に基づき観光庁作成
※（ ）内は、訪日外国人旅行者数全体に対するシェア

出所：国土交通省観光庁「令和6年版 観光白書」

## ▶ 費目別にみる訪日外国人旅行消費額

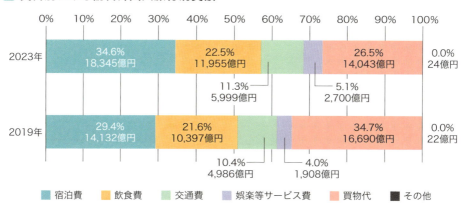

※観光庁「訪日外国人消費動向調査」資料に基づき作成
※上段は旅行消費額の費目別割合、下段は費目別旅行消費額

出所：国土交通省観光庁「令和6年版 観光白書」

第1章 ホテル業界の最新動向

017

Chapter1 04

国内旅行の最新動向

# 国内旅行の消費額は
# コロナ前水準まで回復

2023年の国内旅行消費額は21.9兆円で、2019年と同水準となりました。しかし宿泊旅行者数、日帰り旅行者数は回復途上にあります。観光庁はワーケーションやブレジャーの普及を支援しています。

## 国内宿泊旅行と日帰り旅行の動向

2023年の国内宿泊旅行者数は延べ2億8,135万人（2019年比9.7％減）、国内日帰り旅行者数は延べ2億1,623万人（同21.5％減）でした。一方、国内旅行消費額は、宿泊旅行が17.8兆円、日帰り旅行が4.1兆円で、合計21.9兆円（2019年比0.1％減）となりました。宿泊旅行者数はコロナ前よりも減っていますが、インバウンド客増加に伴う宿泊料金の上昇により、一人あたりの消費単価が増加したことが分かります。

コロナ禍のなかで、国内旅行需要を喚起するため、「Go To トラベル」（2020年7月実施）や「地域観光事業支援（県民割）」（2021年4月実施）が実施され、居住地の近隣地域に短期間滞在するマイクロツーリズムが流行し、2020年の平均宿泊数は1.2泊、2021年は1.0泊にまで減少しました。2022年10月からは「全国旅行支援」が実施され、平均宿泊数は1.9泊となりました。2023年5月、新型コロナウイルスの感染症法上の位置づけが季節性インフルエンザなどと同じ「5類」に移行すると、ようやく平均宿泊数は2019年と同水準の2.3泊にまで回復しました。

## 国内旅行の促進策

国内旅行を促進するため、観光庁ではワーケーションやブレジャーの普及を支援しています。ワーケーションとは日常生活圏外の場所で、仕事をしながら自分の時間も過ごすことです。

東急では、全国127の宿泊施設から自由に選んで宿泊できる定額制のサブスクリプションサービス「TsugiTsugi」を販売しています。移動しながらリモートワークをするデジタルノマドにとっては、有力な選択肢となりうるでしょう。

**マイクロツーリズム**
コロナ禍において、近場で短期間の旅行であれば感染リスクが低い、という観点から流行した。「Go To トラベル」などの施策も後押しし「安近短」旅行が増えた。

**ブレジャー**
出張先等で滞在を延長するなどして、余暇を楽しむこと。

**デジタルノマド**
インターネットを活用して、場所に捕らわれず、遊牧民（ノマド）のように旅行しながらリモートワークをする人のこと。

018

## ▶ 日本人国内旅行消費額の推移

※観光庁「旅行・観光消費動向調査」に基づき作成
出所：国土交通省観光庁「令和6年版 観光白書」

## ▶ 日本人一人当たりの宿泊旅行、日帰り旅行の回数及び宿泊数の推移

※観光庁「旅行・観光消費動向調査」（観光・レクリエーション目的）に基づき作成
出所：国土交通省観光庁「令和6年版 観光白書」

## ▶ ワーケーションとブレジャー

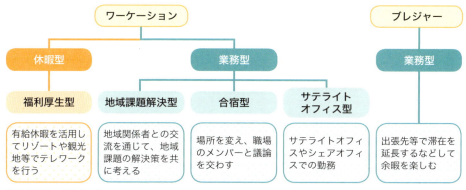

出所：観光庁webサイト（https://www.mlit.go.jp/kankocho/workation-bleisure/）の情報をもとに作成

第1章 ホテル業界の最新動向

Chapter1
05

ホテル業界の課題①

# インバウンドにおける
# 地域格差の拡大

現在、外国人旅行者はコロナ前よりも三大都市圏に集中しています。インバウンドを地方に誘致し、滞在を促進するためには、その土地らしい魅力的なコンテンツと多様な宿泊施設の提供が必要です。

## 三大都市圏に集中するインバウンド

　観光立国推進基本計画にあるように、観光を「地域活性化の切り札」とするためには、外国人旅行者を地方に誘致する必要があります。しかし、実際にはインバウンドは三大都市圏に集中している状況にあります。背景には、地方空港の発着便数や、クルーズ船の寄港便数の回復が遅れていることがあげられます。

　2023年の外国人延べ宿泊者数を地方ブロック別にみると、関東が5,102万人泊（全体の44.6%）と突出しており、近畿が3,267万人泊（同28.6%）となり、両地域で全国の外国人延べ宿泊者数の7割以上を占めています。

　国籍別に見ると、平均泊数が長い旅行者ほど多くの都道府県を訪問する傾向にあります。平均泊数が比較的短い韓国からの旅行者は、約9割が1〜2都道府県しか訪問していないのに対して、比較的長く滞在する傾向のある欧州やオーストラリアからの旅行者では、5〜6割程度の旅行者が4都道府県以上を訪問しています。

## 訪日リピーター客の効果

　日本への来訪回数も地方部への訪問に影響を与えます。日本を2回以上訪れている訪日リピーター客の割合は、香港と台湾では9割前後です。統計によると、地方部のみに訪問する9割弱が訪日リピーター客であり、日本を何度も訪れる東アジアのリピーター客が地方を中心に訪問している可能性があります。

　地方部でインバウンド消費を拡大するためには、日帰り客の誘引だけでなく、消費誘発効果が大きい宿泊を促進することが重要です。そのためには、その地域でしか体験できない魅力的なコンテンツと、ニーズにあった宿泊施設の提供が欠かせません。

020

## ▶ 地方ブロック別外国人延べ宿泊者数（2023年）

※観光庁「宿泊旅行統計調査」に基づき作成
※2023年速報値
出所：国土交通省観光庁「令和6年版 観光白書」

## ▶ 国籍・地域別及び訪問パターン別訪日回数（2023年）

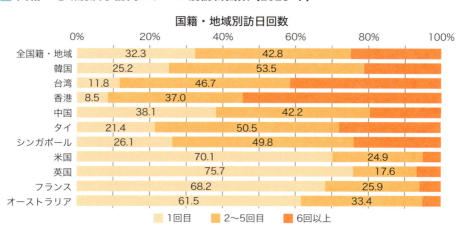

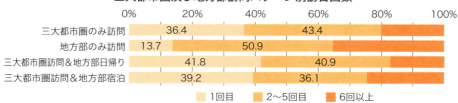

※観光庁「訪日外国人消費動向調査」により作成。上図は観光・レジャー目的の2023年値。下図は地域調査個票データ（観光・レジャー目的、2023年4-12月期（参考値））により作成
出所：国土交通省観光庁「令和6年版 観光白書」

第1章 ホテル業界の最新動向

**Chapter1 06**

ホテル業界の課題②

# 人手不足の深刻化
# 宿泊業従事者の待遇改善が急務

インバウンドの急増に伴って宿泊需要は高まっていますが、宿泊施設では人材不足が課題となっています。付加価値の提供と、販売価格の戦略的な見直しによって増収を図り、宿泊業従事者の待遇改善をすすめる必要があります。

## 宿泊業の人手不足問題

コロナ禍の長期化に伴って、観光事業者の業績が悪化し、宿泊業から多くの従事者が離職しました。その後の宿泊需要の回復に伴って次第に従事者数は増加し、2023年12月には過去最高の72万9千人になりました。それでも、正社員が不足していると回答する旅館・ホテルの割合は75.6％と高止まりしています（帝国データバンク「人手不足に対する企業の動向調査」）。

三大都市圏では、インバウンド客が劇的に増加し、ホテルの現場はコロナ前よりも忙しくなり、人材を獲得するために賃金水準を見直す動きが広がっています。一方、地方ではコロナ禍前の水準まで売り上げが戻らない中で、賃金水準を上げることは難しく、従事者1人あたりの業務負担はますます増えて疲弊する、という悪循環に陥っていると考えられます。

## 人手不足の原因と解決策

そもそも宿泊業の人手不足の原因は、過当競争の中で、販売料金を上げることが難しいため、十分な人件費の原資が確保できず、賃金水準が他産業に比べて低いという構造的問題があります。

またコロナ禍の長期化によって、宿泊業界に失望して離職した人々や、就職先として不安定な産業であるとのイメージが広がってしまったことが背景にあると言えるでしょう。

現在、我が国に対する世界の旅行者の関心はますます高まっています。地方も含めてインバウンドを獲得して、相応の売上をあげて原資を確保し、従事者の待遇改善を進めることが必要です。そのためには、商品の魅力を高めるとともに、販売価格の戦略的な見直しを図ることが欠かせないのです。

## 延べ宿泊者数と宿泊業従事者数の推移

出所:総務省「サービス産業動向調査」、観光庁「宿泊旅行統計調査」をもとに筆者作成

## 全産業と宿泊業の賃金の推移

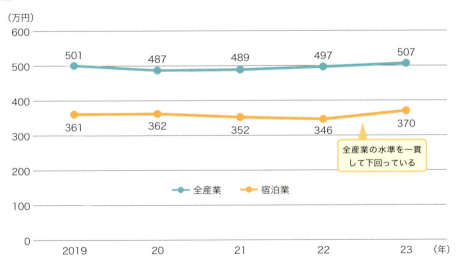

※厚生労働省「賃金構造基本統計調査」に基づき観光庁作成
出所:国土交通省観光庁「令和6年版 観光白書」

旅行者のニーズの変化

## Chapter1 07

# 国際旅行者と訪日旅行者のニーズ

世界の国外旅行経験者は、その土地ならではの食や文化に加えて、ラグジュアリーホテルへのニーズを持っています。また、地方エリアでは、地方部らしさのある宿泊施設が求められています。

### ラグジュアリーホテルの需要と日本文化への関心

**VJ重点22市場**

日本政府観光局が「ビジット・ジャパン事業」の対象として指定する重点市場。韓国、中国、台湾、香港、タイ、シンガポール、マレーシア、インドネシア、フィリピン、ベトナム、インド、豪州、米国、カナダ、メキシコ、英国、フランス、ドイツ、イタリア、スペイン、北欧地域、中東地域。

**ラグジュアリーホテル**

豪華な施設と手厚いサービスにより、ゲストに贅沢な体験を提供する最上級のホテル。ホテルの格付けにおいては最上位にランクされる（ただし日本には公的な格付けシステムは存在しない）。

日本政府観光局（JNTO）が実施したVJ重点22市場の国外旅行経験者を対象とした調査によると、国外旅行の主な目的として、「ガストロノミー・美食」、「テーマパーク」、「アート鑑賞」、「庭園、花鑑賞」に次いで「ラグジュアリーホテル」が第5位にランクインしました。ラグジュアリーホテルを目的とする人の市場規模は1億人と推計されています。日本でもこうしたニーズに応えられるラグジュアリーホテルの選択肢を増やしていく必要があるでしょう。

訪日旅行の際のニーズについて、観光庁の「訪日外国人消費動向調査」によると、「訪日前に期待していたこと」として、「日本食を食べること」や「ショッピング」、「繁華街の街歩き」等の割合が高く、特に「日本食を食べること」については2019年から大きく増加していることが分かります。総じて、日本食や日本文化に対する関心が高まりつつあると考えられます。

### 地方エリアへのインバウンド誘致

地方エリアへの訪問意向を高めるものに関する調査では、「その土地ならではの飲食が楽しめる」、「その土地ならではの文化が体験できる」、「花見や紅葉、雪景色を楽しめる」ことに加えて、「地方部らしさのある宿泊施設」が求められています。もちろん伝統的な旅館は地方部らしさがありますが、日本間での滞在や畳に布団を敷く生活様式には、抵抗感を感じる外国人も多いでしょう。洋間を基本とするホテルであっても、日本の伝統工芸や和の意匠を取り入れたデザインを採用することによって、その土地ならではの文化を感じさせる工夫ができれば、快適性を確保しながら日本のよさを楽しんでもらえる施設となるでしょう。

## ▶ 国外旅行の主な目的となるもの（目的別の市場規模：推計・22市場合計）

| 項目 | 万人 |
|---|---|
| ガストロノミー・美食 | 14,500 |
| テーマパーク | 12,000 |
| アート鑑賞（美術館巡り等） | 11,500 |
| 庭園、花鑑賞 | 11,000 |
| ラグジュアリーホテル | 10,000 |
| 建築 | 9,700 |
| ラグジュアリーブランド等ショッピング | 9,600 |
| ハイキング、トレッキング、登山 | 8,800 |
| エステ、スパ、マッサージ | 8,100 |
| コンサート、音楽ライブ | 7,300 |

※日本政府観光局（JNTO）「VJ重点市場基礎調査」（2024年1月25日）に基づき観光庁作成
出所：国土交通省観光庁「令和6年版 観光白書」

## ▶ 今後の地方エリアへの訪問意向を高めるもの

|  | 韓国 | 台湾 | 香港 | 中国 | タイ | シンガポール | 英国 | フランス | 米国 | オーストラリア |
|---|---|---|---|---|---|---|---|---|---|---|
| その土地ならではの飲食 | 41% | 55% | 43% | 36% | 39% | 45% | 33% | 32% | 32% | 39% |
| その土地ならではの文化 | 32% | 49% | 37% | 34% | 40% | 31% | 34% | 43% | 33% | 38% |
| 花見や紅葉、雪景色 | 21% | 46% | 43% | 37% | 42% | 38% | 34% | 26% | 27% | 47% |
| 温泉 | 44% | 43% | 46% | 30% | 32% | 35% | 18% | 16% | 18% | 27% |
| 混雑がなくリラックスした時間が過ごせる | 37% | 44% | 33% | 26% | 34% | 31% | 28% | 16% | 24% | 34% |
| 世界遺産等の有名な観光資源 | 14% | 38% | 26% | 20% | 30% | 24% | 26% | 24% | 21% | 30% |
| 地方らしさのある宿泊施設 | 25% | 27% | 20% | 21% | 25% | 17% | 13% | 21% | 13% | 18% |
| 美しいビーチ | 20% | 17% | 19% | 18% | 20% | 16% | 24% | 15% | 22% | 15% |

※日本政府観光局（JNTO）「VJ重点市場基礎調査」（2024年1月25日）に基づき観光庁作成
注1：調査対象は、東アジア・東南アジア地域は2017年から2023年までの調査で飛行機を利用したレジャー目的の国外旅行経験者、欧米豪・インド・中東地域は2017年（メキシコ及び中東地域は2015年）から2023年までの調査で飛行機を利用したレジャー目的の中長距離国外旅行経験者
注2：「地方エリア」は、大都市（東京都、大阪府・京都府）以外のエリアを指す
出所：国土交通省観光庁「令和6年版 観光白書」

**Chapter1**
**08**

ホテル業界のサステナビリティ

# 高まるサステナビリティへの関心
# 環境配慮と地域貢献

世界の旅行者は、環境への配慮や地域貢献に高い関心をもっています。$CO_2$削減やプラスチック削減などに取り組むホテルも増えています。また、地元の商店街や飲食店を案内して、共存共栄を図るホテルもあります。

## サステナブルな旅へのニーズ

世界の旅行者の傾向として、持続可能な観光や地域貢献などのサステナビリティへの関心が高まっています。Booking.com の調査によると、世界の旅行者のうち「よりサステナブルな旅行をすることは自身にとって重要」と回答した割合が80％、「今後1年間によりサステナブルに旅行したい」が76％にものぼりました。

日本国内では、2022年4月に施行されたプラスチック資源循環促進法（プラ新法）によって、年5トン以上の使い捨てプラスチック製品などを使用する事業者に対して計画的な削減が求められ、ホテルが提供するアメニティを代替素材等に置き換える動きが広がっています。アメニティをあらかじめ客室に設置するのではなく、フロント付近にステーションを設置して、ゲストが必要な分だけピックアップするスタイルをとるホテルも増えています。

**アメニティ**
客室にセットされるヘアブラシ、くし、かみそり、シャワーキャップ、歯ブラシなど。

## 地域コミュニティの支援と共生

アメリカン・エキスプレスが実施した調査によると、「地域コミュニティを支援する休暇に興味がある」割合が78％、「地域コミュニティを支援すると知っていれば休暇にもっとお金を費やしても構わない」が69％と、旅行を通じた地域貢献に対する関心も高くなっています。また、「訪れたことがない目的地を旅行したい」など、有名な観光地だけではなく、新たな目的地として地方部に対する関心も高まっていることが分かります。

星野リゾートが展開する都市型ホテル「OMO」では、ホテルスタッフが「OMOレンジャー」に扮して、地元の商店街や飲食店を案内するサービスを提供することによって、地域コミュニティとの共存共栄を図っています。（P.218参照）

## ▶ 世界の旅行者の旅行志向に関するアンケート結果

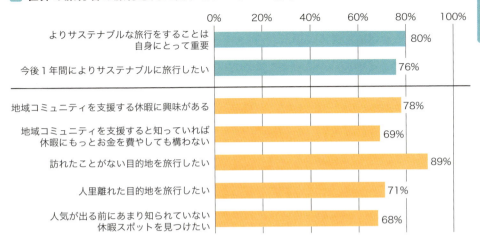

資料：上図はBooking.com「Sustainable Travel Report 2023」、下図はAmerican Express Travel「2023 Global Travel Trends Report」に基づき観光庁作成
注1：「Sustainable Travel Report 2023」は世界の35か国・地域の33,228人を対象として2023年2月に調査実施
注2：「2023 Global Travel Trends Report」は日米豪等7か国の年1回以上飛行機を利用して旅行をする人を対象として2023年2月に調査実施
出所：国土交通省観光庁「令和6年版 観光白書」

第1章 ホテル業界の最新動向

## ▶ ホテルにおけるサステナブルな取り組みの例

### プラスチックのアメニティを代替素材に

- 紙カミソリの導入
- 竹歯ブラシの導入

その他、使い捨てのアメニティを減らすため以下のような事例も
- アメニティを選択式に
- シャンプー・ボディソープのボトルをポンプ式に変更

### リネン交換を減らす

- リネン交換不要のゲストには記念品をプレゼント
- 連泊のゲストに「リネン・アメニティ交換不要プラン」を提供

### サステナブルメニューの開発

- 規格外の食材を使用したメニュー
- 動物性の食材を使用しないヴィーガンメニュー
- 地元の食材を使用した地産地消メニュー

### 地元コミュニティとの共存共栄

- 地元の商店街や飲食店を案内するサービスを提供
- 地域イベントの割引クーポンの配布
- 地域の伝統文化の体験ツアー商品の提供

027

Chapter1
09

ユニバーサルツーリズム

# ユニバーサルツーリズムの推進「施設」と「心」のバリアフリー

高齢や障がい等の有無にかかわらず、すべての人が安心して楽しめるユニバーサルツーリズムが推進されています。施設のバリアフリー化はもちろん、「心」のバリアフリーも求められています。

## ユニバーサルツーリズムと「バリアフリー法」

今後、少子高齢化が進むなかで、すべての旅行者にとって行動しやすい環境の整備が求められています。ユニバーサルツーリズムとは、高齢や障がい等の有無にかかわらず、すべての人が安心して楽しめる旅行を指します。

1994年に制定されたハートビル法では、ホテルや百貨店、鉄道駅などで高齢者や車いすを利用する人などが利用しやすいよう、スロープの設置や、視覚障がい者誘導用ブロックの設置、廊下やエレベーター等におけるバリアフリー化がすすめられ、2006年にはバリアフリー法が施行されました。その後、東京オリンピック・パラリンピック競技大会開催決定を機に、2018年にバリアフリー法が改正され、ホテル又は旅館の床面積の合計が2,000㎡以上、かつ50室以上の場合には、車椅子使用者用客室の設置数を、建築する客室数の1%以上にすることが義務付けられました。

## 「心のバリアフリー」と認定制度

心のバリアフリーとは、様々な心身の特性や考え方を持つすべての人々が、相互に理解を深めようとコミュニケーションをとり、支え合うことです。そのためには、①「障がいの社会モデル」を理解し、②障がいのある人（及びその家族）への差別を行わず、③自分とは異なる条件を持つ多様な他者とのコミュニケーションをとる力を養い、すべての人が抱える困難や痛みを想像し、共感する力を培うことが求められます。

2024年、観光庁では「観光施設における心のバリアフリー認定制度」を創設しました。この認定を受けた施設は、Webサイトなどに認定マークを記載し、取り組みをアピールできます。

---

**ハートビル法**
高齢者、身体障害者等が円滑に利用できる特定建築物の建築の促進に関する法律。1994年制定。

**バリアフリー法**
高齢者、障害者等の移動等の円滑化の促進に関する法律。2006年制定、2018年・2020年改正。2020年の改正では、500㎡未満の小規模特別特定建築物の建築物バリアフリー基準が新設され、高齢者、障害者等が利用する居室までの経路のバリアフリー化（段差の解消、出入口の幅・通路幅の確保等）が追加された。

**観光施設における心のバリアフリー認定制度**
バリアフリー対応や情報発信に積極的に取り組む姿勢のある観光施設を対象とする制度。高齢者や障害者がより安全で快適な旅行をするための環境整備推進を目的に創設された。

028

## ▶ 車椅子使用者用客室設置数の基準見直し

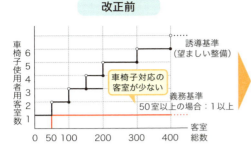

改正前

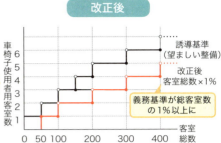

改正後

### 車椅子使用者用客室の主な基準

- トイレ、浴室又はシャワー室（浴室等）を含む出入口幅が80cm以上ある
- 戸の前後に段差がない
- 車椅子使用者用浴室等および車椅子使用者用便房は、手すり等が適切に配置され、車椅子使用者が円滑に利用することができるよう十分な空間が確保されている

出所：国土交通省「ホテル又は旅館における高齢者、障害者等の円滑な移動等に配慮した建築設計標準（追補版）の概要」をもとに作成

## ▶「観光施設における心のバリアフリー認定制度」の基準

| | |
|---|---|
| ①施設のバリアフリー性能を補完するための措置を3つ以上行っている | **措置例**<br>● 聴覚障害者に対する筆談用のタブレット端末の貸出し<br>● 浴室用の取外し可能な手すりの貸出し<br>● 視覚障害者に対する「クロックポジション」を用いた配膳の説明 等 |

| | |
|---|---|
| ②バリアフリーに関する教育訓練を年に1回以上実施している | **措置例**<br>● 障害を持った顧客へのコミュニケーションやサポートに関する外部研修に参加<br>● 観光庁の作成したマニュアルや動画を活用し、社内勉強会を実施<br>● バリアフリーに関する資格を有する従業員を雇用 等 |

| | |
|---|---|
| ③自社のウェブサイト以外のウェブサイトでバリアフリー情報を積極的に発信している | **措置例**<br>● 宿泊予約サイト、グルメ予約サイト、市町村ウェブサイト等にバリアフリー情報を掲載<br>● バリアフリー情報を特集するウェブサイトで施設の取組を発信 等 |

出所：国土交通省「ホテル又は旅館における高齢者、障害者等の円滑な移動等に配慮した建築設計標準（追補版）の概要」をもとに作成

第1章 ホテル業界の最新動向

**Chapter1**

**10**

旅館業法の改正

# カスタマーハラスメントを
# 繰り返す客の宿泊拒否が可能に

旅館業法は、時代の変化にあわせて改正されてきました。2023年の改正では、カスタマーハラスメントをする客の宿泊を拒否することや、宿泊者に感染防止対策への協力を求めることが認められました。

## 旅館業法の変遷

旅館業法は1948年に施行された法律です。第一条ではその目的を「旅館業の業務の適正な運営を確保すること等により、旅館業の健全な発達を図るとともに、旅館業の分野における利用者の需要の高度化及び多様化に対応したサービスの提供を促進し、もつて公衆衛生及び国民生活の向上に寄与すること」としています。

これまで同法は何度か改正されてきましたが、2018年に大幅な改正が行われました。旅館とホテルの区分が統合されたほか、最低客室数の基準が撤廃され、フロント（玄関帳場）を設置せずにビデオカメラによる本人確認もできるようになりました。この背景には、観光立国を国策として進めるうえで、宿泊需要に応えるために施設の増加と多様化を実現し、宿泊業への参入障壁を緩和する狙いがありました。

## カスタマーハラスメントの拒否

2023年度の法改正では、過度の要求（カスタマーハラスメント）をする客の宿泊を拒否することや、宿泊者に感染防止対策への協力を求めることが認められるようになりました。具体的には、宿泊しようとする者が、スタッフに対して宿泊料の不当な割引や不当な部屋のアップグレードなどを求めたり、土下座等の社会的相当性を欠く方法による謝罪を繰り返し求めたりする行為があった場合には、まず「そうした要求には応じられないが、宿泊自体は受け入れること」を説明し、それでもなお、要求を繰り返し求められる場合は、宿泊を拒むことが認められます。こうした改正は、宿泊業に従事する人々の安全と健康を守り、働きがいを高めるうえでも、非常に重要な動きです。

## ▶ 旅館業法改正の概要「新たな拒否事由に該当するものの例」

不当な割引、契約にない送迎等、過剰なサービスの要求

対面や電話等により、長時間にわたり、不当な要求を行う行為

要求の内容の妥当性に照らして、当該要求を実現するための手段・態様が不相当なもの(※)等

(※) 身体的な攻撃（暴行、傷害）、精神的な攻撃（脅迫、中傷、名誉毀損、侮辱、暴言）、土下座の要求等
出所：厚生労働省「旅館業法改正の概要」をもとに作成

## ▶ 旅館業法改正の概要「新たな拒否事由に該当しないものの例」

1. 障害のある方が社会の中にある障壁（バリア）の除去を求める場合
   （※）社会の中にある障壁の除去を求める例
   ・フロント等で筆談でのコミュニケーションを求めること
   ・車椅子利用者がベッドに移動する際に介助を求めること

2. 障害のある方が障害を理由とした不当な差別的取扱いを受け、謝罪等を求めること

3. 障害の特性により、場に応じた音量の調整ができないまま従業者に声をかける等、その行為が障害の特性によることが本人やその同行者に聴くなどして把握できる場合

4. 営業者の故意・過失により損害を被り、何かしらの対応を求める場合（手段・態様が不相当なものを除く）等

出所：厚生労働省「旅館業法改正の概要」をもとに作成

031

## COLUMN 1

# IRの動向とカジノホテル

### 大阪・夢洲地区のIR計画を認定

2023年4月、国土交通大臣は大阪・夢洲地区のIR区域整備計画の認定を公表しました。この計画は、大阪府、米国ラスベガスに本社を置くMGMリゾーツ社とオリックスにより設立された大阪IR株式会社によって申請されたものであり、2030年に開業される見込みです。

建設場所は大阪ベイエリアの人工島「夢洲」の中央北側で、敷地面積は約492,680㎡です。夢洲をそれぞれ異なる特徴を持った4つのゾーンに分ける計画です。

| エリア | 施設 | 機能 |
|---|---|---|
| 「関西ゲートウェイ」ゾーン | 関西ツーリズムセンター | 送客、ショーケース |
| | MGM大阪 | ホテル、飲食・物販、カジノ・劇場等 |
| | MUSUBIホテル | ホテル、飲食 |
| 「イノベーション」ゾーン | MICE施設（国際会議場・展示場） | 展示、集会、飲食、物販、駐車 |
| 「ウォーターフロント」ゾーン | 関西アート＆カルチャーミュージアム、フェリーターミナル、公園 | 美術鑑賞、飲食、物販、船舶乗降待合い |
| 「結びの庭」ゾーン | 商業店舗等の小規模建築物 | 屋外空間、飲食 |

IRは、「統合型のリゾート（Integrated Resort）」を意味します。カジノのほかに大型の国際会議場やホテル、劇場などさまざまなエンターテインメント施設を兼ね備える大型施設です。

我が国の観光立国政策をさらに推進するため、海外に負けない観光施設を設けて訪日外国人を呼び込み、経済波及効果を狙います。大阪の計画の場合、年間の来訪者はおよそ2000万人、経済波及効果は毎年1兆1400億円と見込まれています。

### カジノホテルの役割

大阪IRに建設予定のMGM大阪（1,830室）とMUSUBIホテル（660室）は、両ホテルの客室数を合計すると、約2,500室と国内では最大級の規模になります。

大阪IRの収支計画では、年間約5,200億円の売上高のうち8割をカジノ事業が占めています。ホテルのスタンダードの客室価格はリーズナブルに設定され、多くの滞在客を集めることが予想されます。

# 第2章

# ホテル業界の基礎知識

ホテルは、フランス上流階級のライフスタイルから生まれ、その後米国で中流階級向けの低価格ホテルが誕生しました。日本では、外国人接遇用の施設としてホテルが建設され、経済成長とともに、多種多様なホテルが生まれました。ホテルの歴史とカテゴリーを概観していきましょう。

**Chapter2 01**

ホテルの歴史（欧米編）

# 高級ホテルと低価格ホテルの誕生

ホテルはフランス上流階級の生活スタイルから生まれました。その後、米国で低価格でありながら快適な宿泊施設を提供するチェーンホテルが誕生し、ホテルは大衆化するとともに各地に拡大していきました。

## ホテル前史

　有史以来、人々が旅する場所には宿屋ができて、休息の場が提供されてきました。ギリシャ時代には、集会や宿泊のための公共施設であるレスケや、外国人を宿泊させるパンドケイオンが生まれました。ローマ時代には、アウグストゥスによって道路網が整備され、道路沿いに宿駅が設置されました。

　中世に入ると、修道院が巡礼中の旅人に宿を提供するようになり、ホスピティウム（hospitium）と呼ばれました。13世紀ごろになると、ブルジョワジー（中産階級）による交易が盛んになり、その宿としてイン（inn）が登場しました。

## ホテルの誕生と大衆化

　1850年、パリに開業したグランドオテル（Grand hôtel）は、会社組織として経営された初めてのホテルです。当時のフランス上流階級の生活スタイルを基本として、フランス料理や接遇作法が確立され、今日の高級ホテルのサービスの原型となりました。

　**セザール・リッツ**は、フランス、イギリスなどの一流ホテルで総支配人をつとめ、当時の顧客層であった王侯貴族たちから絶大な支持を得ました。

　米国では1907年、エルズワース・スタットラーが、ニューヨークにスタットラーホテルを開業しました。低価格でありながら清潔で快適な（華美ではない）客室とバスルームを提供する、というコンセプトは、それまで富裕層だけのものであったホテルを、一般の中流階級にも手が届くものに変えました。スタットラーは米国の各地にホテルを展開し、近代ホテルチェーン経営の基礎を確立しました。

**セザール・リッツ**
César Ritz (1850〜1918) スイスに生まれ、フランス、イギリスなどの一流ホテルで活躍した伝説のホテリエ。フランス料理界に革新をもたらしたオーギュスト・エスコフィエとともに、多くの高級ホテルを開業していった。

034

## ホテルの語源

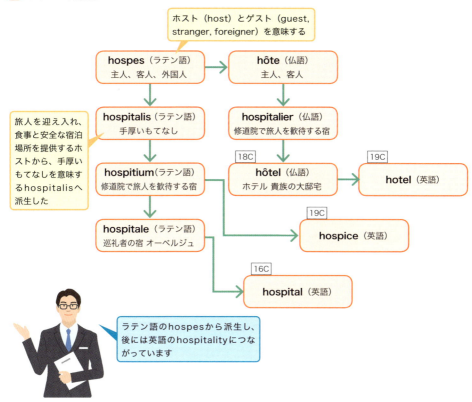

### ONE POINT

## エルズワース・スタットラーの哲学

エルズワース・スタットラー（Ellsworth Milton Statler、1863～1928）は、近代ホテルチェーン経営の基礎を確立した人物として知られています。スタットラーの残した言葉は、後世のホテリエに影響を与えています。「Life is service. The one who progresses is the one who gives his fellow human beings a little more, a little better service.（人生はサービスである。前進する者は、仲間に対してより多くの、より良い奉仕をする者である）」。

彼は後進の教育に力を注ぎ、とくにホテルの現場での実習を重視しました。彼の死後、遺言によりスタットラー基金が設立され、ニューヨーク州のコーネル大学に多額の寄付が行われました。同大学の敷地内では"The Statler Hotel at Cornell University"が運営され、一般客を受入れるとともに、学生の実習教育が行われています。

## Chapter2 02

### ホテルの歴史（日本編）

# 日本におけるホテルの誕生と発展

日本のホテルの始まりは、外国人の接遇のためのものでした。明治時代には国の威信をかけた帝国ホテルが誕生します。戦後、経済成長のなかで行われた東京オリンピックを契機にして、多くのホテルが建設されました。

## 外国人接遇用の宿泊施設として

日本初のホテルは、1860（万延元）年にオランダ人C・J・フフナーゲルによってつくられたヨコハマ・ホテルです。その後1868年には、日本人が経営する最初のホテルとして築地ホテル館が開業しました。

1873年、金谷善一郎により金谷カッテージ・イン（のちの日光金谷ホテル）が開業しました。また、1878年には山口仙之助によって富士屋ホテルが開業しました。これらはいずれも外国人が避暑のために訪れるリゾートホテルの先駆けでした。

欧米列強の外圧に屈する形で開国した日本は、なんとしても欧米各国と互角に外交関係を築くことができるように、西洋文明の吸収を急ぎました。当時の外務卿井上馨は、財界の有力者であった渋沢栄一、大倉喜八郎らに要請して、1890（明治23）年、帝国ホテルが誕生しました。帝国ホテルは国の威信をかけて作られた迎賓館としての役割を果たすことになります。

## 昭和時代の外客誘致政策とホテル建設ブーム

1930年、外客誘致と外貨獲得を目的として国際観光局が創設されると、政府資金融資によるホテル建設が積極的に行われました。しかしその後、日本は軍国主義化が進み、諸外国との対立が激化し、ホテル需要は減衰していきました。

1945年、第二次世界大戦が終結し、戦災を免れた帝国ホテルなど約50軒のホテルが連合国軍（GHQ）によって接収されました。

戦後復興が進む中で、日本経済発展の大きな起爆剤となったのは1964年の東京オリンピックです。ホテル需要の高まりに対応するため、ホテルオークラやホテルニューオータニなどが次々と建設されました。これを第一次ホテル建設ブームと呼びます。

---

**築地ホテル館**
1868年、清水組（現・清水建設）二代目の清水喜助が築地ホテル館を建設し、経営も行った。木造2階建て、客室（102室）には暖炉とベランダが設置され、食堂、応接室、ビリヤード室などの西洋文化が取り入れられる一方で、外壁のなまこ壁や華頭窓といった伝統的な日本建築の要素もあり、当時としては画期的な和洋折衷様式であった。

**接収**
第二次世界大戦後、占領軍が日本の建築物等を強制的に占拠した。ホテルのほかにも、明治神宮野球場や百貨店、劇場などが接収の対象となった。

036

## ▶ 東京築地ホテル館表掛之図（三代 歌川広重筆）

出所：慶応義塾図書館

## ▶ 主なホテルの開業（第一次ホテル建設ブームまで）

| 1860 | ヨコハマ・ホテル |
| --- | --- |
| 1868 | 築地ホテル館 |
| 1873 | 金谷カッテージ・イン（日光金谷ホテル） |
| 1878 | 富士屋ホテル |
| 1890 | 帝国ホテル（帝国ホテル東京） |
| 1927 | ホテルニューグランド |
| 1933 | 上高地帝国ホテル |
| 1934 | 蒲郡ホテル |
| 1935 | 新大阪ホテル、雲仙観光ホテル |
| 1936 | 名古屋観光ホテル、川名ホテル |
| 1937 | 志賀高原温泉ホテル、赤倉観光ホテル |
| 1938 | 第一ホテル |
| 1959 | 銀座日航ホテル |
| 1960 | 銀座東急ホテル |
| 1961 | パレスホテル（パレスホテル東京） |
| 1962 | ホテルオークラ（The Okura Tokyo）、横浜東急ホテル |
| 1963 | 東京ヒルトンホテル（ザ・キャピトルホテル東急） |
| 1964 | ホテルニューオータニ（東京）、東京プリンスホテル |
| 1965 | 大阪ロイヤルホテル（リーガロイヤルホテル大阪） |

**Chapter2**
**03**

宿泊施設の分類

# 宿泊施設の分類と軒数の推移

宿泊施設は旅館・ホテル営業、簡易宿所営業、下宿営業に分類されます。旅館・ホテル営業の客室数は2018年以後増加し、約180万室まで成長しました。また、2013年以後は民泊の流行によって、簡易宿所も増加しています。

**民泊**
住宅の全部又は一部を活用して、旅行者等に宿泊サービスを提供すること。

**下宿**
学生や単身赴任者等が契約して宿泊する施設。多くの場合、食事が提供される。

## 旅館業法における宿泊施設の分類と定義

旅館業法では、宿泊施設は旅館・ホテル営業、簡易宿所営業、下宿営業の3種類に分類されています。旅館・ホテル営業とは、「施設を設け、宿泊料を受けて、人を宿泊させる営業で、簡易宿所営業及び下宿営業以外のもの」を指します。つまり主に短期間の宿泊を目的として、プライバシーが確保された部屋を提供する施設が該当します。以前は洋式の構造及び設備を主とする施設を「ホテル」、和式の構造及び設備を主とする施設を「旅館」として区別していましたが、2018年の法改正により両カテゴリーは統合されました。

簡易宿所とは、宿泊する場所を多人数で共用する二段ベッドなどを設けた施設のことです。かつては、山小屋、ユースホステル、カプセルホテルなどが主流でしたが、近年では民泊用の施設が増加しています。下宿とは、「ひと月以上の期間を単位とする宿泊料を受けて、人を宿泊させる」施設です。

## 旅館からホテルへのシフト

2022年の全国の宿泊施設数は、旅館・ホテル営業が50,321軒、簡易宿所が39,811軒、下宿営業が573軒でした。旅館・ホテル営業が統合された2018年以前の宿泊施設の推移を見ると、旅館は2003年に約6万軒ありましたが、2017年には4万軒を下回り、3分の2以下に減少しています。一方、ホテルは着実に軒数を伸ばし1万軒に達しました。2018年以後、旅館・ホテル営業合計の軒数はほぼ横ばいとなっていますが、客室数は2017年以後増加し、2022年には177万室にまで増加していることから、旅館からホテルへのシフトが進んでいると考えられます。

038

## ▶ 宿泊施設数の推移

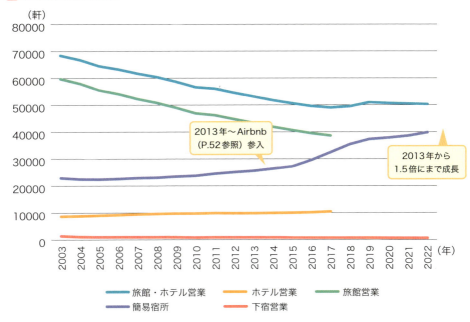

出所：厚生労働省「衛生行政報告例の概況」をもとに作成

## ▶ 客室数の推移（旅館・ホテル営業）

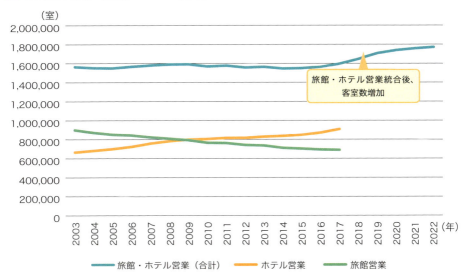

出所：厚生労働省「衛生行政報告例の概況」をもとに作成

Chapter2 04

旅館

# ホテルと旅館の違い
# ホテルは洋室、旅館は和室が基本

ホテルは洋室、旅館は和室を中心にした施設構成を基本とします。多くの旅館が1泊2食付きを前提とした営業を行っていますが、インバウンド客のニーズに合わせた柔軟な対応が求められています。

## 国際観光ホテル整備法における分類

**国際観光ホテル整備法**では、ホテルは洋室の構造および設備をもって造られていること、客室には机、テーブル、いすを備えていることなどが定められています。一方、旅館は客室全体が日本間（和室）として調和のとれたものであり、**床の間**や**踏込み床**があること、敷地内に庭があることなどが定められています。ホテルの寝具はベッドですが、旅館では畳の上に布団を敷くスタイルが基本です。しかし、旅館の業態であっても名称に「ホテル」を冠した施設が多く存在し、名称だけで旅館とホテルを判別することは難しいのが現状です。

## 旅館ビジネスの特徴と課題

旅館の種類には、レジャー利用主体の温泉旅館や観光旅館、料理旅館のほか、ビジネス出張用の駅前旅館や、宿主が他の産業と兼業して営む民宿などがあり、その規模や施設構成はさまざまです。2012年から2020年の新型コロナウイルス感染症拡大までの間、インバウンドは年々増加しましたが、全国の旅館の平均客室稼働率はホテルに比べて伸び悩みました。インバウンドの増加はホテルに大きな恩恵をもたらした一方で、旅館はその需要を完全には取り込むことができなかったと言えます。要因として、畳に布団を敷くスタイルに対する抵抗感や、多くの旅館が1泊2食付きを前提とした営業を行っていることなどがあげられます。近年では、必ずしも2食付きを基本としない「泊食分離」スタイルの旅館も増えてきました。外国人だけではなく、今や日本人にとっても和室での生活は「非日常体験」です。今後は、日本の伝統的生活様式を体験できる場として、旅行者のニーズに応えながら、旅館らしい魅力をアピールできるかが課題となります。

---

**国際観光ホテル整備法**
訪日旅行者（インバウンド）が安心して宿泊できる施設として、一定のサービスレベルが保証されたホテル・旅館を指定する法律。

**床の間**
日本建築で、座敷の床を一段高くし、掛け軸・置物・花などを飾る所。

**踏込み床**
床框（とこがまち）を用いず、畳面と同一平面に床板を設けたもの。

## ▶ 国際観光ホテル整備法におけるホテルと旅館（抜粋）

|  | ホテル | 旅館 |
| --- | --- | --- |
| 基準客室 | 次の1～7の要件をすべて満たす客室（基準客室）の数が最低15室以上あり、かつ、客室総数の2分の1以上あること<br>1. 洋室の構造および設備をもって造られていること<br>・机、テーブル、いす及び洋服を掛ける設備（フック等を除く）を備えている（シングルルームにあっては、テーブルを省略することができる）<br>・和洋折衷の客室については、畳敷きの部分の床面積が洋式の居室部分の床面積を超えるものは、ホテル基準客室には含まれない<br>・入口の建具は堅牢で防音に適したものでなければならない<br>2. 床面積が、シングルルームについては9㎡以上、その他の客室については13㎡以上あること<br>（以下略） | 次の1～7の要件をすべて満たす客室（基準客室）の数が最低10室以上あり、かつ、客室総数の3分の1以上あること<br>1. 客室全体が、日本間として調和のとれたものであること<br>・床の間、洋服を掛ける設備（フック等を除く）及び踏込みがあり、隣室との間は壁仕切りでなければならない<br>・床の間には床柱と床板（床畳）が必要。つり床、置床等は床の間には含まない<br>2. 畳敷きの部屋の床面積が、通常1人で使用する客室については7㎡（4畳半相当）以上、その他の客室については9.3㎡（6畳相当）以上あること（床の間、押入れ等の面積は含まない）<br>（以下略） |
| 建物 | 客室等の配置が適正であり、建物の意匠、使用材料、施工等が良好であること | 客室等の配置が適正であり、建物の意匠、使用材料、施工等が良好であること。庭又はこれに類する造作物が敷地内にあること |

出所：観光庁「国際観光ホテル整備法」登録基準

## ▶ 旅館の日本間の例

ホテル業態の種類①

# ホテルの分類方法と日本におけるホテルの分類

ホテルの業態は、一般にサービス範囲と価格帯によって分類されます。日本ではシティホテル、リゾートホテル、ビジネスホテルに分類されます。その他にも外資系ホテルと呼ばれるものもあります。

## サービス範囲と価格帯によるホテルの分類

ホテルの業態は、提供するサービスの範囲（内容）によって、フルサービス型とリミテッドサービス型に分類されます。

フルサービス型ホテル（Full-Service Lodging）は、宿泊施設に加え、レストラン、宴会場、ルームサービスなどの料飲施設を提供します。さらに、フィットネスやビジネスセンターなどを設置している場合もあります。提供するサービスの種類が多いため、サービススタッフの数も多く配置されます。

リミテッドサービス型ホテル（Limited-Service Lodging）は、宿泊施設と朝食は提供しますが、宴会場等の豪華な料飲施設は提供されません（宿泊特化型）。サービススタッフの数も極力抑えられており、価格もリーズナブルに設定されます。

その他に、長期滞在を前提として、客室内にキッチン等が設置された長期滞在型ホテル（Extended-stay Lodging）があります。

また、販売価格によって分類する方法もあります。もっとも高額なラグジュアリー（Luxury）から順に、アッパーアップスケール（Upper Upscale）、アップスケール（Upscale）、アッパーミッドスケール（Upper Midscale）、ミッドスケール（Midscale）、エコノミー（Economy）に分類されます。

## 日本におけるホテルの分類

日本ではホテルの業態は、シティホテル、リゾートホテル、ビジネスホテルに分類されます。また、海外のインターナショナルホテルチェーンが運営するホテルは外資系ホテルと称されます。本来、「外資系」は外国資本によって経営される企業を指しますが、日本のホテル業界では資本に関係なく、海外のオペレーターによって運営されるブランドのホテルを外資系と呼びます。

## ▶ 価格帯によるホテルチェーンのブランド分類

| | ヒルトン | IHG |
|---|---|---|
| ラグジュアリー | Conrad, LXR Hotels & Resorts, Waldorf Astoria | InterContinental, Regent, Six Senses, Vignette Collection |
| アッパーアップスケール | Hilton, Canopy by Hilton, Curio Collection by Hilton, Embassy Suites by Hilton, Signia by Hilton | Hotel Indigo, Kimpton |
| アップスケール | DoubleTree by Hilton, Hilton Garden Inn, Homewood Suites by Hilton, Tapestry Collection by Hilton, Tempo by Hilton | Crowne Plaza, EVEN Hotels, HUALUXE Hotels & Resorts, Staybridge Suites, voco |
| アッパーミッドスケール | DoubleTree Club, Hampton by Hilton, Home2 Suites by Hilton, Motto by Hilton | Atwell Suites, Holiday Inn, Holiday Inn Express |
| ミッドスケール | Tru by Hilton | Avid, Candlewood Suites |
| エコノミー | | Holiday Inn Express (APAC) |

高価格 → 低価格

出所：筆者作成

## ▶ 観光庁「宿泊旅行統計調査」におけるホテルの分類

| リゾートホテル | 行楽地や保養地に建てられた、主に観光客を対象とするもの |
|---|---|
| ビジネスホテル | 主に出張ビジネスマンを対象とするもの |
| シティホテル | リゾートホテル、ビジネスホテル以外の都市部に立地するもの |

出所：観光庁「宿泊旅行統計調査」

第2章 ホテル業界の基礎知識

043

ホテル業態の種類②

# 宿泊、食堂、宴会機能をフル装備したシティホテル

シティホテルは大都市圏に立地して、宿泊、食堂、宴会施設を有するフルサービス型ホテルです。御三家ホテル、私鉄系ホテル、エアライン系ホテル、外資系ホテルが次々とオープンしていきました。

## シティホテルの特徴

　シティホテルとは、主に大都市圏に立地するフルサービス型ホテルを指します。宿泊施設に加えて、レストラン、宴会場など十分な料飲施設を持ち、婚礼・披露宴にも対応可能です。ショッピング・アーケードやヘルスクラブ等の施設を併設する場合もあります。提供するサービスの種類が多いため、組織の規模が大きく、サービススタッフの数も多く配置されます。一定以上のサービスレベルを提供し、価格帯としてはラグジュアリー、アップスケールに分類されます。

　シティホテルは、ビジネスホテルに比べて価格が高いため、景気の影響を受けやすい面があります。とくにコロナ禍に際してはインバウンドが激減し、シティホテルの稼働率は低迷しました。

## 代表的なシティホテル

　本格的なシティホテルとして最初に登場したのは、1890年に開業した帝国ホテルです。その後、第一次ホテル建設ブームの際に建設されたホテルオークラ、ホテルニューオータニと共に、「御三家ホテル」と称されました。

　高度経済成長期には、西武鉄道による「プリンスホテル」、東急電鉄による「東急ホテルチェーン」などの私鉄系ホテルチェーンや、日本航空による「日航ホテル」、全日本空輸による「全日空ホテル」などのエアライン系ホテルチェーンは、全国にシティホテルやリゾートホテルなどを次々に展開していきました。

　1990年代からは、外資系ラグジュアリーホテルが相次いで開業し、パークハイアット東京、ウェスティン東京、フォーシーズンズホテル椿山荘東京は「新御三家」と呼ばれました。

## ▶ 高度経済成長期以後に開業した主なシティホテルと外資系ホテル

|  |  |
|---|---|
| 1967 | ホテル阪神 |
| 1969 | 大阪エアポートホテル、赤坂東急ホテル |
| 1971 | 京王プラザホテル |
| 1972 | 銀座第一ホテル |
| 1978 | ホテルサンルート東京、ホテル日航成田 |
| 1980 | ホテルセンチュリー・ハイアット |
| 1982 | ニューオータニ札幌、ホテル日航大阪、京都東急ホテル |
| 1984 | ホテル西洋銀座、東京ヒルトンインターナショナル（ヒルトン東京） |
| 1986 | 東京全日空ホテル、ニューオータニ大阪 |
| 1989 | ロイヤルパークホテル、ホテルオークラ神戸、名古屋ヒルトン |
| 1991 | ヨコハマグランドインターコンチネンタルホテル |
| 1992 | フォーシーズンズホテル椿山荘東京、ホテル阪急インターナショナル |
| 1993 | 横浜ロイヤルパークホテルニッコー、第一ホテル東京 |
| 1994 | パークハイアット東京、ウェスティンホテル東京 |
| 1997 | ザ・リッツ・カールトン大阪 |
| 1998 | 横浜ベイシェラトンホテル＆タワーズ |
| 2000 | 名古屋マリオットアソシアホテル |
| 2001 | セルリアンタワー東急ホテル |
| 2003 | グランドハイアット東京、ストリングスホテル東京 |
| 2005 | コンラッド東京、マンダリンオリエンタル東京 |
| 2007 | ザ・リッツ・カールトン東京、ザ・ペニンシュラ東京 |
| 2009 | シャングリ・ラホテル東京 |
| 2014 | アンダーズ東京、アマン東京 |
| 2015 | 翠嵐ラグジュアリーコレクションホテル京都 |
| 2016 | 星のや東京、ザ・プリンスギャラリー東京紀尾井町、フォーシーズンズホテル京都 |
| 2017 | コンラッド大阪、アスコット丸の内東京 |
| 2018 | ハイアットセントリック銀座東京 |
| 2019 | The Okura Tokyo、パークハイアット京都、アマン京都 |
| 2020 | フォーシーズンズホテル東京大手町、キンプトン新宿東京 |
| 2021 | W大阪、フォションホテル京都 |
| 2022 | ウェスティンホテル横浜、ヒルトン広島 |
| 2023 | ブルガリホテル東京、BELLUSTAR TOKYO |

第2章

ホテル業界の基礎知識

045

**ホテル業態の種類③**

# リゾートホテル
# レジャーのための多様なホテル

リゾートホテルはその名の通りリゾートに立地して、レジャー目的で利用されます。シーズンによって繁閑の差がある場合が多く、人員の確保などの課題があります。

## リゾートホテルの特徴

リゾートホテルとは、ビーチや山岳地などのリゾート地に立地するレジャー用ホテルです。周辺地域に飲食店などが少ない場合もあるため、レストランは子どもからお年寄りまで楽しめるよう、洋食、和食、ビュッフェなどバラエティ豊かなラインナップが揃っています。宴会場やリゾートウェディング用の婚礼施設を有する場合もあります。リゾート地の特性によって繁忙期と閑散期があり、ビーチや冷涼な場所は夏が忙しく、冬はスキー場などに需要が集中するため、人員の確保が課題になります。また、テーマパークや遊園地などの周辺のホテルは、それらの施設の営業状況に左右されることが特徴的です。

## 代表的なリゾートホテル

先述のように、日光金谷ホテルや富士屋ホテルは、帝国ホテルよりも以前に建設されました。その他にも万平ホテルや奈良ホテルなど、長い歴史をもつホテルはクラシックホテルと呼ばれます。

高度経済成長期には、プリンスホテルによる万座や苗場などのスキーリゾート開発や、大磯のビーチ開発などが行われました。

1984年に東京ディズニーランドが開園すると、周辺に東京ベイヒルトンホテルやシェラトン・グランデ・トーキョーベイ・ホテルなどのオフィシャルホテルが建設されます。その後、東京ディズニーリゾートの子会社であるミリアルリゾートホテルズによって、ディズニーアンバサダーホテルなどの直営ホテルが次々にオープンしました。大阪のユニバーサル・スタジオ・ジャパンの周辺にも、オフィシャルホテルが建設されています。

星野リゾートは、ラグジュアリーブランド「星のや」を軽井沢、京都、富士、竹富島などのほか、海外にも展開しています。

## ▶ 高度経済成長期以後に開業した主なリゾートホテル

| 1962 | 苗場プリンスホテル |
|---|---|
| 1964 | 大磯プリンスホテル |
| 1973 | パシフィックホテル沖縄、軽井沢プリンスホテル |
| 1973 | 下田プリンスホテル |
| 1974 | 沖縄都ホテル、成田ビューホテル |
| 1978 | 箱根プリンスホテル |
| 1982 | 軽井沢プリンスホテル南館 |
| 1988 | シェラトン・グランデ・トーキョーベイ・ホテル、東京ベイヒルトンホテル |
| 1990 | 東京ベイホテル東急（東京ベイ舞浜ホテル） |
| 2000 | ディズニーアンバサダーホテル |
| 2001 | 東京ディズニーシー・ホテルミラコスタ |
| 2002 | ザ・ウィンザーホテル洞爺リゾート＆スパ |
| 2005 | 星のや軽井沢 |
| 2008 | 東京ディズニーランドホテル |
| 2015 | ザパークフロントアットUSJ、星のや富士 |
| 2017 | クラブメッドトマム |
| 2018 | レゴランド・ジャパンホテル |
| 2019 | ハレクラニ沖縄、アマン京都 |
| 2020 | ザ・カハラ・ホテル＆リゾート横浜、HOTEL THE MITSUI KYOTO |

東京ディズニーランド開園にともない、周辺にオフィシャルホテルがオープン

## ▶ ハレクラニ沖縄

写真提供：ハレクラニ沖縄

第2章 ホテル業界の基礎知識

ホテル業態の種類④

# ビジネスホテルの展開と宿泊特化型ホテル

**Chapter2 08**

ビジネスホテルはビジネス出張者向けのリーズナブルなホテルとして誕生しましたが、全国に展開する中で形態を変容させていきました。バブル崩壊後に登場した宿泊特化型ホテルは急速に勢力を伸ばしました。

## ビジネスホテルの特徴と展開

　ビジネスホテルは、ビジネス出張者向けの宿泊施設として誕生しました。基本的に客室の広さはシティホテルよりも狭く、内装のコストも抑えつつ、朝食付きで出張旅費の範囲に収まるリーズナブルな価格で販売するというコンセプトでした。高度経済成長期以後、ワシントンホテル、東急イン、サンルート、法華クラブなどが全国にホテル網を拡大していきました。地方都市では地元の有力な百貨店やバス会社、新聞社などがオーナーとなるケースが多く、そのニーズは宴会場を備えたフルサービス型であったため、客室はコストを抑えた作りながらも、立派な料飲施設を持ついびつな構成のホテルが増えていきました。バブル経済が崩壊するとホテル需要が減退し、低価格競争がすすみ、ビジネスホテルの経営は悪化していきました。

## 宿泊特化型ホテルの発展

　バブル崩壊後、宿泊と朝食提供に特化したリミテッドサービス型のホテルチェーンが登場し、全国に展開していきました。「東横イン」はオーナーと30年間賃貸借契約を締結し、ホテルの内装とメンテナンスはグループ会社の東横イン電建が施工することによってコストを抑制し、低価格ながらも朝食を無料提供するというスタイルで顧客の支持を集め、急速に拡大しました。「アパホテル」は経営難に陥った既存のビジネスホテルを次々に買収して店舗を増やしていきました。「ルートイン」は宿泊特化型でありながら、多くの店舗に温泉大浴場を備え、また無料バイキング朝食サービスを提供して支持を集めています。「スーパーホテル」は良質な睡眠にフォーカスしたサービスにより、高い顧客満足度を獲得しています。

## 主なビジネスホテルと宿泊特化型ホテル

| 1920 | 法華倶楽部 |
|---|---|
| 1964 | 法華クラブ上野池之端店 |
| 1969 | 名古屋第1ワシントンホテル |
| 1970 | 東京グリーンホテル淡路町 |
| 1973 | 上田東急イン、京都東急イン |
| 1977 | ホリデイ・イン東京 |
| 1978 | ホテルサンルート東京 |
| 1984 | 金沢ファーストホテル（現アパホテル＜金沢片町＞） |
| 1985 | 上田ロイヤルホテル（ルートイン） |
| 1986 | 東横イン（現東横INN蒲田1） |
| 1993 | 幕張プリンスホテル（現：アパホテル＆リゾート東京ベイ幕張） |
| 1996 | スーパーホテル博多 |
| 2009 | スーパーホテルLohas JR奈良駅 |

1991年バブルが崩壊し、以降は低価格競争が進む

第2章 ホテル業界の基礎知識

ONE POINT

## スーパーホテルの経営戦略

スーパーホテルはJ.D.パワーアジア・パシフィックが毎年発表する「宿泊客満足度調査」のエコノミーホテル部門において、9年連続して第1位を獲得しつづけています。

スーパーホテルは、自動チェックイン機を設置するなどして人件費を削減し、昼間は空調を停止するなど、徹底的なコスト抑制を行っています。その一方で、顧客満足を高めるため、「ぐっすり睡眠保証」制度を謳って、もしも安眠できなければ宿泊代金を返金するサービスを行っています。客室の壁は防音性を高め、客室内の冷蔵庫は静音仕様にして騒音をなくし、さらに6種類から選べる枕コーナーを設置するなど、「安眠」にこだわった運営を徹底しています。

049

**Chapter2 09**

ホテル業態の種類⑤

# ブティックホテルと
# ライフスタイルホテル

画一化されたチェーンホテル拡大の一方で、独創的なコンセプトをもつブティックホテルが誕生しました。その影響を受け、大手ホテルチェーンも利用客の多様なニーズに合わせたホテルブランドを開発するようになりました。

## ブティックホテルの登場

ブティックホテル（Boutique Hotel）は、画一化されたチェーンホテルが拡大していく時流に反するように誕生した、個性的でスタイリッシュな小規模ホテルのことです。我が家のような雰囲気とパーソナルなサービスを提供することによって、一部の消費者の熱烈な支持を集めました。1978年、ロンドンにオープンした「Blakes Hotel」や、ニューヨークの「Morgans Hotel」（1984年開業）などがルーツと言われています。日本では2017年、東京・渋谷区に「TRUNK（HOTEL）」がオープンしました。ホテルのコンセプトは、"SOCIALIZING"（自分らしく、無理せず等身大で、社会的な目的を持って生活すること）と宣言されています。

ブティックホテルのラウンジは、地元の人々も気軽に利用できる開かれた場として、地元住民と宿泊する旅人が交流できるコミュニティ（ハブ）となり、自由な出会いの場を提供しています。

## ライフスタイルホテルの展開

ブティックホテルへのニーズが高まるにつれて、大手ホテルチェーンも個性的なホテルブランドを開発するようになりました。パーソナルな経験を提供するコンテンポラリーなデザインのホテルをライフスタイルホテル（Lifestyle hotel）と呼びます。マリオット・インターナショナルの「Wホテル」は、ロビーにバーカウンターを配置して「LIVING ROOM」と名付け、人々が気軽に集まれる場所を提供しました。ヒルトンの「Canopy by Hilton」などもライフスタイルホテルです。ハイアットホテルズは、チップ・コンリーによって設立された「Joie de Vivre」を2010年に買収しました。

## ▶ 日本で開業した主なブティックホテルとライフスタイルホテル

| 2014 | アンダーズ東京 |
|---|---|
| 2015 | 翠嵐ラグジュアリーコレクションホテル京都 |
| 2017 | TRUNK (HOTEL)、モクシー東京錦糸町、モクシー大阪本町 |
| 2018 | ハイアットセントリック銀座東京、旧軽井沢KIKYOキュリオ・コレクションbyヒルトン、OMO7 旭川、OMO5 東京大塚 |
| 2019 | 星野リゾート BEB5軽井沢、MUJI HOTEL GINZA |
| 2020 | エースホテル京都、ACホテル・バイ・マリオット東京銀座、ハイアットセントリック金沢、キンプトン新宿東京、東京エディション虎ノ門、メズム東京オートグラフコレクション、アロフト東京銀座、モクシー大阪新梅田 |
| 2021 | W大阪、フォションホテル京都、ROKU KYOTO, LXR Hotels & Resorts |
| 2023 | TIADオートグラフコレクション、HOTEL GROOVE SHINJUKU、TRUNK（HOTEL）YOYOGI PARK |
| 2024 | 東京エディション銀座、キャノピーbyヒルトン |

## ▶ W大阪「LIVING ROOM」店内

自分のライフスタイルにあわせたラグジュアリーな滞在ができるラグジュアリー・ライフスタイルホテル
W大阪の心臓部「LIVING ROOM」では、ラウンジとバー、DJブースがシームレスに融合しており、ゲストだけではなく地元の人々も集う社交の場となっている
写真提供：マリオット・インターナショナル

Chapter2
10

民泊

# 民泊の台頭と課題

民泊仲介サイト・Airbnbの登場によって、民泊市場は急速に成長しました。
宿泊需要の高まりから、さまざまな企業が民泊ビジネスに参入しています。
一方で、騒音や地価上昇などの課題も表面化するようになりました。

## Airbnb（エアビーアンドビー）のしくみと発展

　Airbnbは、2007年に米国サンフランシスコで自宅のエアベッドを貸し出すビジネスを始めた3人の若者が創業したベンチャー企業です。現在では220の国と地域の10万以上の町で、770万件を超える物件を仲介する世界最大の民泊仲介サイトにまで成長しました。Airbnbは、部屋を貸して収入を得たい人（ホスト）がサイトを通して物件の登録を行い、宿泊したい人（ゲスト）は目的地のリストから予約をとり、契約が成立するというしくみになっています。信頼性を担保するため、ホスト、ゲストともにパスポートなどを使用した厳格な本人確認が義務付けられており、実際に利用した後お互いを評価する格付けシステムもあります。

　Airbnbの登場をビジネスの機会ととらえて、アパート資産の部屋を民泊施設に転換するなど、不動産業界も参入しています。さらに専門業者による客室清掃やメンテナンス代行や、警備会社によるセキュリティサービスなど、周辺ビジネス市場も活況を呈しています。

## 民泊の課題

　一方、民泊施設の周辺住民からは騒音やゴミ問題などの苦情が寄せられ、住宅地で宿泊業を営む難しさが表面化しています。また、利用者が増えて収益性が高まると、長期的には地価の上昇や住宅不足にもつながるといった課題もあります。実際にニューヨーク市では、2023年9月から民泊を事実上禁止する厳しい規制がはじまりました。日本では2017年に住宅宿泊事業法（民泊新法）が施行され、各自治体への届け出を義務付けられるとともに、営業日数の上限は180日までに抑制されました（ただし簡易宿所の認可を受けていれば、この限りではありません）。

## ▶ Airbnbのビジネスモデル

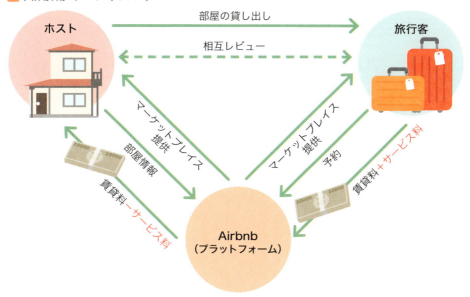

## ▶ 住宅宿泊事業法（民泊新法）の概要図

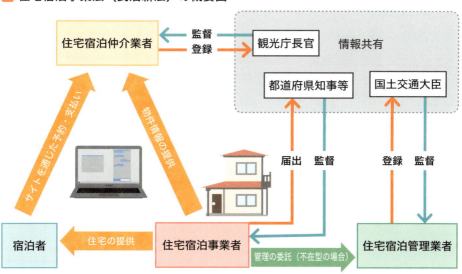

出所：民泊制度ポータルサイト「minpaku」住宅宿泊事業法（民泊新法）とは？
https://www.mlit.go.jp/kankocho/minpaku/overview/minpaku/law1.html

## COLUMN 2

# Airbnbはなぜ成功したのか？

### Airbnbのイノベーション

アメリカ・ロードアイランド州の美術大学を卒業したブライアン・チェスキー(Brian Chesky)とジョー・ゲビア(Joe Gebbia)は、サンフランシスコに住み始めました。アパートの家賃を稼ぐため、部屋の中にエアベッドを設置して朝食を提供するビジネスを2007年に開始しました。その後、自宅以外の物件も仲介するようになり、宿泊者と宿泊施設提供者を結ぶプラットフォームとして、2008年にAirbedandbreakfast.comというウェブサイトを立ち上げました。これが後のairbnb.comの前身です。その後同社は順調に成長を続け、世界最大の民泊仲介サイトの地位を確立しました。

デジタルの力によって、一般の民家に安心して宿泊することが可能になったことは、まさに画期的なイノベーションといえるでしょう。通常、ホテルを建設するためには大きな建設コストと環境負荷がかかりますが、既存の民家を活用するAirbnbにはかかりません。また空き家問題の解決にもつながり、地域活性化にも貢献できるのです。

### Airbnbの成功要因

「Joie de Vivre」創業者のチップ・コンリーは、2013年からAirbnbのグローバル・ホスピタリティ＆ストラテジー責任者を務めました。彼が最初に疑問に思ったことは「Airbnbの社員でもないホストが、ゲストへのおもてなしをしたいと思う理由は何か」というものでした。ホストに調査を行った結果、①ゲストのレビューを得て検索順位を上げることは収入に大きく影響するため親切にすること、②自宅を他人に貸すとき、相手との距離が必然的に近くなり、ホストはゲストに喜んでもらえるサービスを提供できると自分もうれしくなること、が明らかになりました。ホストが旅人を迎えることによって、他人を喜ばせたいという純粋な「人情」が生まれ、Airbnbのコミュニティはホストとゲスト双方にとって大きな価値を生み出し、世界中に拡大する原動力になったといえるでしょう。

# 第3章

# ホテルビジネスの
# しくみ

ホテルビジネスは、土地・建物の所有、企業経営、運営の3つの機能で成り立っています。この機能をどのように構成するかによってさまざまな経営形態があります。コロナ禍以降は、所有と運営を分離する方向へ転換する企業が増えています。

ホテルビジネスの特性

# 装置産業・労働集約産業としての
# ホテルビジネスの特性

ホテルビジネスは、土地や建物・設備などのハードウェアと、スタッフ（ヒューマンウェア）によって構成されます。ホテルビジネスを長期的に行うためには、これらのリソースに継続して投資を行う必要があります。

## 装置産業としてのホテルビジネス

**装置産業**
一定以上の生産やサービスを提供するために、巨大な装置を必要とする産業。多額の設備投資を必要とする。

**周辺環境**
リゾート地における周辺環境とは、海や山などの自然環境と、名所旧跡、動物園、テーマパークなどの観光スポットを指す。

**平均客室単価（ADR）**
販売した客室の平均単価のこと。詳しくはP80参照。

ホテルは装置産業です。まず建設する立地によって、ホテルの基本的なカテゴリーが決定されます。都心であればビジネス利用が多く、アクセスのよさが重視されます。一方、リゾート地であればレジャー利用が多く、眺望や周辺環境のよさが求められるでしょう。つまり、ロケーションによりホテルのカテゴリーやメインターゲットが限定されることになるのです。

建物が完成したあとに客室の数や広さ、館内のレイアウトなどを変えることは容易ではありません。客室の広さや内装は販売価格に影響を与えるので、設計段階でホテルのグレードもある程度決定されることになります。また、客室数が多すぎると、閑散期には販売価格を値下げして空室を埋めるケースが増え、結果的に平均客室単価（ADR）が抑制されることにもつながります。

同時に、ホテルは長期間の運営を前提とした投資物件でもあります。鉄筋コンクリート造であれば50〜60年程度は営業を続けることになるので、定期的に更新投資を行う必要があります。

## 労働集約産業としてのホテルビジネス

ホテルビジネスには人的サービスが欠かせません。グレードが高いホテルほど、多くのスタッフによる手厚いおもてなしが要求されます。建物・設備などのハード面だけではなく、人によるホスピタリティあふれるサービスが組み合わせられ、ホテルの価値が決まるのです。そのため十分なスタッフ数を確保し、心のこもったサービスを提供できるような教育とモチベーションの維持・向上が必須です。AIやロボットの技術が進歩しても、ホテルには人による「気遣い」と「おもてなし」が求められるでしょう。

056

## ホテルビジネスの構成要素

---

### ONE POINT

### 立地によるホテルの分類

主に米国では、立地によってホテルを分類する場合があります。
アーバン（都市部：urban）、サバーバン（郊外：suburban）、ダウンタウン（繁華街：downtown）、ハイウェイ（幹線道路沿い：highway）、リゾート（resort）、テーマパーク（theme park）、カジノ（casino）、エアポート（airport）

**Chapter3 02**

ホテルビジネスの機能

# ホテルビジネスの３つの機能 所有、経営、運営

ホテルビジネスは、土地・建物の所有（オーナー）、企業経営、日々の運営（オペレーション）、といった３つの要素で成り立ちます。多様なステークホルダーの存在によって、さまざまな経営形態（スキーム）が生まれました。

## ホテルの所有機能と運営機能

ホテルビジネスを行うためには、まず土地や建物などのハードウェア（固定資産）が必要です。これには多額の初期投資が必要であり、また長期に経営していくうえで、定期的な更新投資（メインテナンス）も欠かせないため、十分な資金力と施設管理（ファシリティマネジメント）のノウハウが求められます。

一方、日々のホテル運営（オペレーション）では、ゲストを満足させるため、司令塔である総支配人のもと、さまざまな部署のスタッフが一致協力して、それぞれの役割を完璧に遂行することが必要です。プロフェッショナルな技術やノウハウが要求されます。

資金や土地を所有するオーナーが、ホテルビジネスを始めたいと考えても、ホテルの運営ノウハウは一朝一夕には蓄積できません。一方、ホテルビジネスで成功した企業が、ホテル施設を増設するには、多額の資金を必要とするため時間がかかります。

そこで、ハードウェアの所有機能（オーナー）と、ゲストにサービスを提供する機能（オペレーター）を分離して、ビジネスを行うしくみが生まれました。

> **施設管理（ファシリティマネジメント）**
> 企業・団体が組織活動のために、施設とその環境を総合的に企画、管理、活用する経営活動のこと。

## オーナー・オペレーター間の契約形態

ホテルのオペレーターが、オーナーから物件を借りて、賃料を支払う形態を「リース方式」と呼びます。一方、資金力のあるオーナーが、ホテルのブランド名とノウハウを借りて自社で運営し、フィーを支払う形態を「フランチャイズ契約（FC）方式」と呼びます。その進化系として、オペレーターから総支配人やダイレクターを派遣してもらって自社スタッフによる運営を行う形態を「マネジメント・コントラクト（MC）方式」と呼びます。

## ホテルビジネスの3つの機能

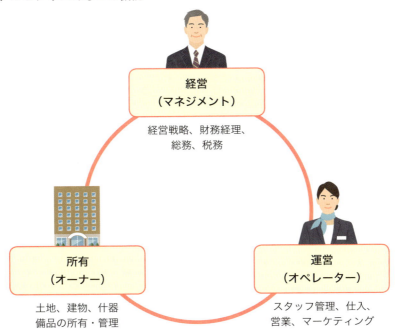

## ホテルの経営形態とオーナー・オペレーターの役割

| 経営形態 | 所有直営方式 | リース方式 | フランチャイズ契約方式 | マネジメント・コントラクト方式 |
|---|---|---|---|---|
| 所有 | オーナー | オーナー | オーナー | オーナー |
| 経営 | オーナー | オペレーター | オーナー | オーナー |
| 運営責任 | オーナー | オペレーター | オーナー | オペレーター |
| 運営ノウハウ | オーナー | オペレーター | オペレーター | オペレーター |
| ブランド | オーナー | オペレーター | オペレーター | オペレーター |

**Chapter3**
**03**

ホテルの経営形態①

# オーナーが自ら経営・運営を行う 所有直営方式

ホテルの土地・建物を所有するオーナーが、自らスタッフを雇用して日々の運営を行う経営形態を、「所有直営方式」と呼びます。第三者のオペレーターが介入しないため、利益はすべてオーナーに帰属します。

## 所有直営方式のしくみ

**FFE**
Furniture(家具)、Fixture(什器)、Equipment(備品)。ホテルで使用される家具や調度品、備品、照明器具・カーペット等のこと。それぞれの耐用年数に応じて、更新投資が必要となる。

ホテルの土地、建物、FFE（これらを固定資産と呼びます）を所有するオーナーが、自らスタッフを雇用して日々の運営を行う経営形態を、「所有直営方式」（Owned hotel）と呼びます。

たとえばパレスホテル東京は、土地、建物などの固定資産を所有しているパレスホテルが経営し、総支配人やほかのスタッフを雇用したうえでホテルのオペレーションを行っています。

所有直営方式を実現するためには、オーナーにホテル運営のノウハウが必要です。日本国内には外資系ホテルも含めて多くの競合が進出し、競争が激化しています。このような状況でホテルが持続的に利益を生み出していくためには、顧客を満足させる施設、設備と、優秀なスタッフによる完璧なサービスが欠かせません。そうしたハードウェアやヒューマンウェアのクオリティを維持するためには、継続的な投資が必須となります。

## 所有直営方式のメリットとリスク

所有直営方式のメリットとして、第三者のオペレーターを介入させないため、フィー（報酬）を徴収されることもなく、ホテルの利益はすべてオーナーのものとなることがあげられます。逆に営業が振るわず赤字になった場合には、損失はすべてオーナーが負うというリスクもあります。

国内のホテルは、基本的に所有直営方式とリース方式が主流でした。しかし、コロナ禍によって世界中のホテルが大きな損失を被ると、あらためて損失リスクが注目されるようになり、経営スタイルの見直しを迫られる企業も増えています。

060

## ▶ 所有直営方式：パレスホテル東京の例

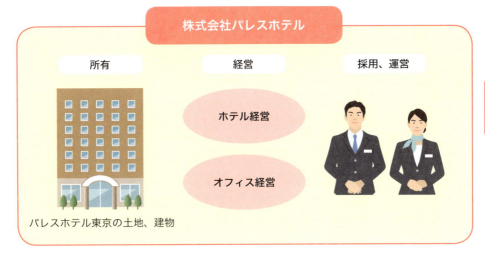

## ▶ 所有直営方式のメリットとリスク

| メリット | ・利益はすべてオーナーに帰属する<br>・経営上の指揮命令系統が明確である |
|---|---|
| リスク | ・損失が出た場合にはオーナーがすべて負う<br>・競合に負けない商品力、ブランド力を構築・維持しつづけなければならない |

もともと国内のホテルは所有直営方式からはじまりました。自社にホテル運営のノウハウと優秀な人材を確保することが欠かせません。さらに、施設維持のための資金力も不可欠です。

Chapter3 04

ホテルの経営形態②

# 物件を賃借して運営する リース方式

ホテルオペレーターが、オーナーから土地・建物を賃借して運営を行う経営形態を、「リース方式」と呼びます。オーナーには定期的な賃料収入があり、オペレーターはホテルの収益から賃料を超過した利益を享受します。

## リース方式のしくみ

ホテルオペレーターに運営ノウハウがあっても、土地や建物などを準備するには莫大な資金が必要となります。そこで、資金力のあるオーナーが建設したホテル物件を賃借して運営する「リース方式」（Leased hotel）という経営形態があります。

たとえばマンダリンオリエンタル東京は、三井不動産が所有する日本橋三井タワーの一部を、マンダリン・オリエンタル東京株式会社が賃借して運営しています。両社の間では、30年間の長期賃貸借契約が締結されており、固定賃料と売上に応じた歩合賃料が支払われています。

通常、ホテルのリース契約は20～30年と長期にわたります。オーナーが建物等の建設とその後の更新投資、メインテナンスを行うことで、オペレーターは日々のオペレーションに集中して取り組むことができるのです。

## リース方式のメリットとリスク

オーナーにとっては、ホテル物件を賃貸することによって、オペレーターから定期的な収入（リターン）を長期間得ることができるメリットがあります。基本的にはホテルの営業が不振であっても、賃料の支払いは契約によって保証されているため、リスクはあまりありません。ただし、長期間の契約のため、期間中に賃借人を変更したり、別の用途に転用することは困難になります。

オペレーターにとっては、土地や資金がなくても自社ブランドのホテルを運営できるメリットがあります。ただし、ホテルの業績が悪化して、利益が賃料を下回った場合でも、契約で定められた賃料分は支払わなければならないというリスクがあります。

## ▶ リース方式：マンダリンオリエンタル東京の例

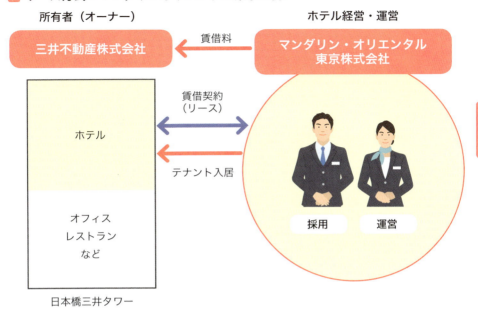

日本橋三井タワー

## ▶ 所有直営方式のメリットとリスク

|  | メリット | リスク |
| --- | --- | --- |
| オーナー | 定期的な賃料収入を長期間得られる | 長期間の契約のため、期間中に賃借人を変更したり、別の用途に転用することが困難 |
| オペレーター | 土地や資金がなくても、自社のホテルを運営することができる | ホテルの業績が悪化した場合、利益が賃料を下回るリスクがある |

賃料には、固定賃料のほかに、売上や利益に応じた歩合賃料を組み合わせる場合もあります。

Chapter3
05

ホテルの経営形態③

# 本部のブランド力を活用する
# フランチャイズ契約方式

オーナーがオペレーターからブランド名、予約システム、運営マニュアルなどの提供を受けて運営を行い、対価としてフィーを支払う経営形態を「フランチャイズ契約方式」（Franchise contract：FC）と呼びます。

## フランチャイズ契約方式のしくみ

**フランチャイジー**
franchisee。フランチャイザーからブランドやマニュアルの提供を受け、運営を行う。加盟店。

**フランチャイザー**
franchiser。フランチャイジーにブランド使用やマニュアルを提供する。またブランド基準が遵守されているかを定期的にチェックする。本部。

**インスペクター**
inspector。客を装ってホテルを利用し、フランチャイジーがブランド基準を遵守しているかチェックを行う役割。

オーナー（フランチャイジー）と、有名ホテルチェーンのオペレーター（フランチャイザー）がフランチャイズ契約を締結して、オペレーターからブランド名やメンバーシップ、運営マニュアルの提供を受け、その対価としてロイヤルティを支払う方式です。日々のオペレーションはオーナー側が行うため、オーナーの裁量が認められる部分もありますが、ブランド基準が定められており、インスペクターによって、基準が満たされているか定期的にチェックがなされます。

たとえばヒルトン成田は、ホテルマネージメントジャパンの子会社であるナリタコスゲ・オペレーションズがオーナーであり、ヒルトンとフランチャイズ契約を締結してブランド使用権と運営マニュアルの提供を受けています。

## フランチャイズ契約方式のメリットとリスク

オーナーにとっては、有名ホテルチェーンのブランド名やメンバーシップを獲得して、優れた運営ノウハウを得ることができるというメリットがあります。しかし、損益はオーナーに帰属するため、損失が出た場合にはオーナーが責任を負うリスクがあります。また規定されたフランチャイズ・フィーをオペレーターに支払う義務があります。

一方、オペレーターはほとんど費用負担なしに自社のブランドのホテルを増やすことができ、フィー収入を得られるメリットがあります。フランチャイズ契約を獲得するためには、相応の運営実績が求められることは言うまでもありません。長期的に成果が見込めない場合には、契約が打ち切られるリスクがあります。

## ▶ フランチャイズ契約方式：ヒルトン成田の例

## ▶ フランチャイズ契約方式のメリットとリスク

|  | メリット | リスク |
| --- | --- | --- |
| オーナー | 有名ホテルチェーンのブランド名やメンバーシップ、運営ノウハウを得ることができる | 損失が出た場合には責任を負うリスクがある |
| オペレーター | 費用負担なしに自社のブランドのホテルを増やすことができる | 長期的に成果が見込めない場合、契約が打ち切られるリスクがある |

長期的に業績が悪い場合、他のオペレーターに変更され、ホテルブランドが変更となるケースもあります（リブランド）。

第3章　ホテルビジネスのしくみ

065

**Chapter3 06**

ホテルの経営形態④

# オペレーターが経営陣を派遣する マネジメント・コントラクト方式

ホテルオペレーターが、オーナーに対して、ブランド使用権と運営ノウハウの提供だけでなく、総支配人など経営陣を派遣する経営形態を「マネジメント・コントラクト方式（Management Contract：MC）」と呼びます。

**マネジメント・コントラクト方式**
日本語では管理運営受委託契約、英語ではManagement Contract（略してMC）と呼ばれます。

**主要ポスト**
総支配人（General Manager）、客室部門（Rooms）、料飲部門（Food & Beverage）、総料理長（Chef）、人事部（Human Resource）、経理部（Finance）など。

## マネジメント・コントラクト方式（MC）のしくみ

オーナーが経営するホテルに、有名ホテルチェーンのオペレーターから総支配人やダイレクターなどの経営陣が派遣されます。そのもとで、ブランド基準に則ったオペレーションが行われ、対価としてマネジメント・フィーを支払う契約方式です。

たとえばコンラッド東京は、オーナーである森トラストが、ヒルトンに運営を委託しています。委託されたヒルトンは、総支配人をはじめ主要ポストのダイレクターや総料理長を派遣し、ヒルトンが定めるコンラッドブランドの基準に沿った運営を行います。また、定期的にインスペクターによる調査や監査が行われ、ブランド基準に適合したオペレーションが正しく守られているかチェックを受けます。

## MC方式のメリットとリスク

ホテルの運営ノウハウをもたないオーナーが、高度な運営を求められるラグジュアリーホテルを運営する場合でも、オペレーターから派遣される経験豊富な経営陣たちに直接指導してもらえるというメリットがあります。損益はオーナーに帰属するため、損失が出た場合にはオーナーが責任を負うリスクがあります。また、オーナーは一定のマネジメント・フィーに加えて、経営陣の人件費相当分をオペレーターに支払う義務があります。

一方、オペレーターはほとんど費用負担なしに自社独自のブランドでホテルを運営でき、フィー収入を得られるメリットがあります。MC契約を獲得するためには、相応の運営実績が求められることは言うまでもありません。長期的に成果が見込めない場合には、契約を打ち切られるリスクがあります。

066

## ▶ マネジメント・コントラクト方式（MC）：コンラッド東京の例

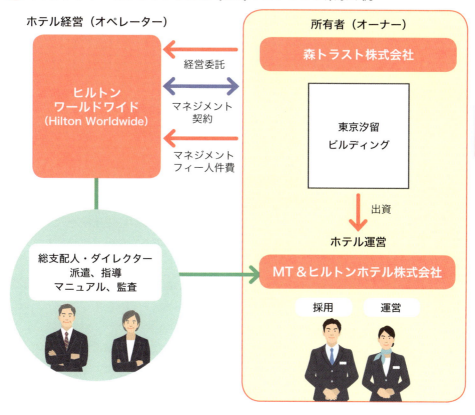

## ▶ マネジメント・コントラクト方式（MC）のメリットとリスク

|  | メリット | リスク |
| --- | --- | --- |
| オーナー | 有名ホテルチェーンのブランド名やメンバーシップ、運営ノウハウを得ることができる | 損失が出た場合には責任を負うリスクがある |
| オペレーター | 費用負担なしに自社のブランドのホテルを増やすことができる | 長期的に成果が見込めない場合、契約が打ち切られるリスクがある |

フランチャイズ方式との違いは、総支配人などの経営陣がオペレーターから派遣される点です。

ホテルの経営形態の変遷

# Chapter3 07

# 「持たざる経営」へのシフト
# 所有・リースからMC・FCへ

国内ホテルは所有直営方式とリース方式が中心でしたが、外資系ホテルは
MC方式、FC方式で日本に進出してきました。コロナ禍をきっかけにして、
国内ホテルチェーンも「持たざる経営」への移行が進んでいます。

## ホテル経営形態の変遷

もともとホテル経営は、土地、建物を所有するオーナーが自ら
ホテル運営を行う所有直営方式でした。帝国ホテルなどの御三家
はもとより、西武や東急などの鉄道会社や、三菱地所、三井不動
産などの不動産会社は、自社でホテルを建設し展開してきました。
一方、日本経済が成長するにつれてホテルの需要が高まると、他
業界の企業や金融機関等が出資してホテルを建設して、ホテルオ
ペレーターが賃借するリース方式が増えていきました。

MC契約は、1963年に日本初の外資系ホテルとなる東京ヒル
トンホテルで採用されました。当時ヒルトンは、MC契約によっ
て世界各国で次々とホテルをオープンしました。その後、米国で
は1990年代に不動産不況となり、それまで多くの所有直営型の
ホテル事業を展開していたマリオットが、オペレーターの「マリ
オット・インターナショナル」と資産保有会社である「ホストマ
リオット（現 Host Hotels & Resorts,Ink）」に分社するなど、所
有と運営を分離する動きが広がりました。

### ホストマリオット
1993年に会社分割
された資産保有会社。
1999年にREITと
なり、現在はHost
Hotels & Resorts,
Inc。

## 国内ホテルも「持たざる経営」へ

その後も国内ホテルは所有直営方式とリース方式が主流で、外
資系ホテルはMC方式やFC方式で日本に進出するケースが主流
でした。しかし、コロナ禍によって宿泊需要が激減して経営状態
が悪化すると、大部分の損失がオーナーに重くのしかかり、日本
でもあらためて所有と運営を分離する方向へ転換する企業が増え
ました。2021年に近鉄・都ホテルズ、2022年には西武ホールディ
ングスが、所有する施設を投資ファンドなどへ売却し、「持た
ざる経営」へのシフトが加速しています。

068

## ▶ ホテル施設の売却事例

|  | 売却元 | 対象ホテルブランド | 売却先 | 売却規模 |
|---|---|---|---|---|
| 2021年 | 近鉄・都ホテルズ | 都ホテルなど | ブラックストーン（米投資ファンド） | 8施設 |
| 2022年 | 西武ホールディングス | プリンスホテルなど | GIC（シンガポール政府系投資ファンド） | 26施設 |
| 2023年 | ロイヤルホテル | リーガロイヤルホテル | BGO（カナダ大手生命保険会社傘下） | 1施設 |
| 2023年 | 大和ハウス | ロイヤルホテルなど | JHRA（ホテルリート） | 24施設 |

ほとんどの施設は、売却後も運営は引き継がれました。今後はオペレーターとしての真の実力が問われることになります。

## ▶ 西武ホールディングスの売却スキーム

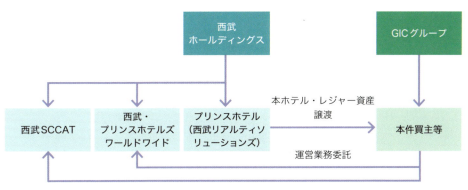

出所：株式会社西武ホールディングス「当社グループのホテル・レジャー事業の一部資産に関するGICとの基本協定書締結のお知らせ」（2022年2月10日）

**業務提携**

# アフェリエイト、リファーラル さまざまな業務提携のタイプ

Chapter3
**08**

ホテルチェーンに属さない独立系ホテルが、他のホテルと業務提携をすることで、販売促進や業務サポートを受けるしくみとして、アフェリエイトやリファーラルがあります。

## アフェリエイトのしくみ

アフェリエイトとは、独立系ホテル（ホテルチェーンに属さないホテル）が、共通のブランドでグループを形成して、パンフレットやウェブサイトを発行し、予約網を構築したものです。組織に加盟するためにはグループが定める厳しいブランド基準を満たし、毎年一定のフィーを拠出する必要があります。また組織経由の予約に対してはコミッション（斡旋手数料）を支払います。

たとえば、ザ リーディングホテルズ オブ ザ ワールド（The Leading Hotels of the World, Ltd.）は1928年にヨーロッパで組織されたラグジュアリーコレクションであり、日本では帝国ホテル東京、The Okura Tokyo、パレスホテル東京などが加盟しています。海外旅行者にとって、日本の独立系ホテルの名前は知らなくても、そのグループに加盟していることによって安心して利用することができるのです。

## リファーラルのしくみ

リファーラルとは、独立系ホテルが、有力なホテルチェーンなどと提携して、送客やノウハウの提供を受ける契約形態です。ホテルのブランド名やオペレーション方法は異なっていてもよく、同程度のグレードであることが条件となります。

たとえば阪急阪神ホテルズでは、リファーラル契約を締結することによって、ホテルのブランド名はそのままに、統一ブランド名称として「阪急阪神第一ホテルグループ」の一員であることを示すことができます。同社のメンバーシッププログラムを利用できるほか、合同研修や送客支援などを受けることができます。加盟したホテルは、阪急阪神ホテルズに対してロイヤリティを支払う義務が生じます。

## アフェリエイトの事例：The Leading Hotels of the World

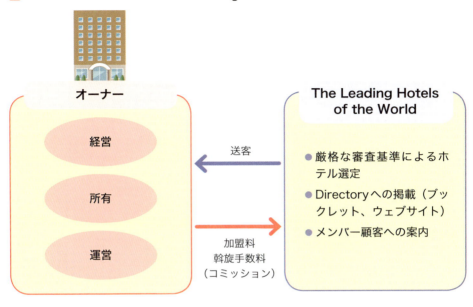

## リファーラルの事例：阪急阪神ホテルズ

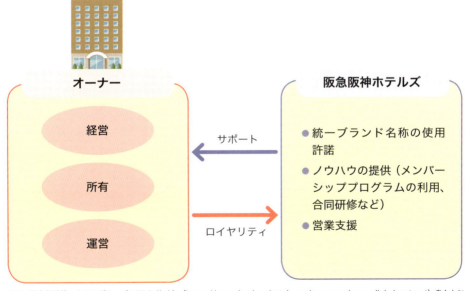

出所：阪急阪神第一ホテルグループのWebサイト（https://www.hankyu-hotel.com/company/group/join/contract）をもとに作成

施設外のビジネス

**Chapter3**
**09**

# 本業のノウハウや施設を活用したホテル施設外のビジネス

自社の料飲部門などのノウハウを活かして、ホテル施設外でもビジネスを行っているホテルがあります。また不動産賃貸ビジネスを営むホテルもあります。こうしたビジネスは、コロナ禍にあっても貴重な収入源となりました。

## 本業の強みを活かしたビジネス

　ホテルの調理や料飲サービスのノウハウを活かし、ホテルショップやオンラインショップを構えるホテルがあります。こうした外販は、コロナ禍で来客数が激減した際にも、ホテルにとって貴重な収入源となりました。たとえば帝国ホテルは、スープやカレーなどのレトルトや、調理缶詰、焼き菓子などをホテルショップやオンラインで販売しています。パレスホテルは、デパート内にパレスホテル東京に関連するブランドでスイーツブティックを出店しているほか、ホテルブランドとは別に新たにブーランジュリーブランドを創り上げ、代官山の商業施設内にオープンしました。

　またレストラン運営のノウハウを活用して、外部の施設にテナントとしてレストランを出店しているホテルもあります。たとえば、ホテルオークラは中国料理や欧風料理など多様なレストランを、デパートや商業施設などに出店しています。さらに東京国立博物館や病院内のレストランの運営も受託しています。

　婚礼ビジネスに強みをもつ藤田観光は、リゾートウェディングや装花、フォトウェディング事業などをホテルの外部で展開しています。また同社は広大な庭園を所有しており、庭園管理のノウハウを活かして、緑地管理ビジネスを行っています。

## その他のビジネス

　帝国ホテルやパレスホテルは、オフィスビルを所有しており、不動産賃貸事業（賃貸オフィス）を営んでいます。こうしたホテルは都心の一等地に立地しており、入居企業と契約すると一定の収入が安定的に得られるため、景気後退などによりホテル本業の業績が悪化した際のリスクヘッジとなります。

## ▶ ホテル施設外のビジネス例

| | | |
|---|---|---|
| 帝国ホテル | 外販 | ホテルショップ『ガルガンチュワ』<br>帝国ホテルオンラインショップ |
| | 外部/業務請負レストラン | 東京国際フォーラム　ケータリングサービス<br>慶應義塾大学病院内　レストラン ザ・パーク<br>水海道ゴルフクラブレストラン　など |
| | 賃貸オフィス | 帝国ホテルタワー |
| パレスホテル | 外販 | ペストリーショップ『Sweets & Deli』<br>パレスホテル東京オンラインショップ<br>パレスホテル東京スイーツブティック（伊勢丹新宿店、日本橋三越本店内）<br>ブーランジュリーブランド『Et Nunc Daikanyama』 |
| | 外部/業務請負レストラン | 経団連会館カンファレンス<br>海運クラブ<br>霞山会館　など |
| | 賃貸オフィス | パレスビル |

第3章　ホテルビジネスのしくみ

## ▶ パレスホテル東京 プティフールセック缶

写真提供：パレスホテル東京

再生ビジネス

**Chapter3 10**

# ホテル・旅館の再生ビジネスと REITのしくみ

ホテル運営のノウハウを活かし、経営が立ち行かなくなったホテル・旅館の再生を請け負うビジネスがあります。また、投資家から資金を集めて物件を購入し、運営を他の事業者が行うREITというしくみも注目を集めています。

## 経営破綻したホテル・旅館の再生を請け負う

　毎年多くのホテルや旅館がオープンする一方で、市場競争に敗れて事業継続を断念する施設もあります。そのような施設のブランド名称を変更して、運営を請け負うケースが増えています。

　星野リゾートは、2001年に経営破綻したマイカルから山梨県のリゾナーレ小淵沢（現・星野リゾート リゾナーレ八ヶ岳）を買い取ったことを皮切りに、アルツ磐梯リゾートやアルファリゾート・トマムなどを次々と傘下に収め、グループを拡大してきました。星野リゾートによる再生の手法は、ターゲットとなる顧客層を分析して、現場の従業員たちが中心になってマーケティングコンセプトを策定し、それに沿って営業施策を考案することによって業績を回復させるというものです。リゾナーレ八ヶ岳のケースでは、ターゲットを子連れのファミリーに設定し、親子が同時に楽しめるしくみづくりを実現していきました。

## ホテルREITのしくみ

　REITは「不動産投資信託」（Real Estate Investment Trust）の略称です。ホテルREITは、投資家から集めた資金でホテルや旅館物件を購入し、それをオペレーターに賃貸して、得られる賃料収入などから費用を差し引いた分の利益を、分配金として投資家に分配するしくみです。

　たとえば星野リゾートは、星野リゾート・リート投資法人を設立し、創業の地である星のや軽井沢やリゾナーレ八ヶ岳などの施設を売却しました。これによって、資産所有のリスクを分離して、オペレーターに特化する道を選んだのです。

## ▶ ホテルREITのしくみ

ホテルが「持たざる経営」にシフトするために、資産をREITに拠出するなどのケースがあります。

## ▶ 国内の主要なホテルREIT

| 銘柄 | 証券コード | メインスポンサー |
| --- | --- | --- |
| インヴィンシブル | (8963) | Fortress Investment Group LLC |
| ジャパン・ホテル・リート | (8985) | SC CAPITAL PARTNERS |
| 星野リゾート・リート | (3287) | 星野リゾート |
| ユナイテッド・アーバン | (8960) | 丸紅 |
| 森トラストリート | (8961) | 森トラスト |
| いちごホテルリート | (3463) | いちご株式会社 |
| 日本ホテル&レジデンシャル | (3472) | アパホールディングス |

COLUMN 3

# ホテルオーナーとオペレーターの役割と緊張関係

## MCの歴史

1963年に開業した香港ヒルトンは、香港企業のハチソン・ワンポアをオーナー、ヒルトン・インターナショナルをオペレーターとして締結した史上初のMCでした。同年、日本初の外資系ホテルとして開業した東京ヒルトンホテルも、東京急行電鉄とヒルトンとのMCでした。当時の契約内容は、オーナーは総収入の5%と営業利益の10%に相当する額を、フィーとしてオペレーターに支払うことが義務付けられ、たとえ利益が出なくてもオペレーターはフィーを受け取ることができるという一方的なものでした。さらに契約期間は20年とし、その後に10年ずつ3回、合計50年の期間延長ができるオプションがついていました。

このようにオーナーにとって不利な契約内容ではありましたが、ホテル運営のノウハウを持たないオーナー企業にとって、ヒルトンのフルサービスホテルのオペレーション実績と強力なブランドは魅力的なものだったのです。

同じころ、パン・アメリカン航空によるインターコンチネンタルホテルズも、積極的に海外にホテルを展開しました。1960年代には、シェラトンやウェスティン、マリオットなども米国外に進出し、オペレーター間の競争が激しくなりました。

## オーナーとの緊張関係

オペレーターが増加することは、オーナーにとってはブランドの選択肢が増えることにつながります。またオーナーが多くのホテルを経営するようになると、MCの契約内容も変化していきました。マネジメント・フィーは総収入の2%、営業利益の8%程度になり、契約期間はオペレーターの業績によって見直される条件が付帯されるようになりました。このようにオペレーターはつねに競合と比較され、成果を求められることによって、オーナーとのよい緊張関係が生まれます。オペレーターは業績を上げるために、よりよいサービス提供とサステナブルな経営を実現するよう努力し、健全なホテル経営につながっていくのです。

# 第4章

# ホテルの収益構造

ホテルの収益の柱となるのは、宿泊部門、食堂部門、宴会部門の3つの部門です。ここでは、それぞれの部門の特徴と販売戦略、パフォーマンスの測定方法を見ていきます。

宿泊部門①
# 客室ビジネスの特性と顧客セグメント

ホテルの客室は、空間的、時間的制約のもとで、変動する需要に対して効率的に販売する必要があります。そのため、顧客セグメントごとに多様な価格を設定することによって、収益を最大化します。

## 客室ビジネスの制約条件

ホテルの客室数には限りがあるため、どんなに需要が高くても、客室数以上に販売することはできません。また販売できなかった客室は、翌日販売することはできても、その日の分の売上とはなりません。つまり、客室は生鮮食品と同様にその日のうちに売り切ってしまわなければ商売にならない、ということなのです。このように考えると、客室ビジネスにおいては、==変動する需要に対して、量的に限られた客室を、限定的な期間内に、より効率的に販売==することが求められます。そのため、顧客のニーズに合わせた価格設定が重要になります。

## 客室ビジネスの顧客セグメントとルームレート

客室ビジネスにおける==顧客セグメント==は、「個人」と「団体」に大別されます。

個人客は利用目的によって、レジャーとビジネスに分類されます。レジャー客のうち、個人が直接電話またはホテルのWebサイト経由で予約する場合には、かつては「タリフレート」と呼ばれる固定料金が一般的でしたが、現在は需要に応じて料金が変動する「==ベストアベイラブルレート==」が適用されます。他にも早期予約などによる割引価格「==ディスカウントレート==」、旅行会社のパッケージ価格「==トラベルエージェントレート==」などがあります。ビジネス客のうち、企業とホテルが年間契約を締結して、特別な料金を提示する場合には、「==コーポレートレート==」が適用されます。

団体客には、個人客よりも割安な「==グループレート==」が適用されます。また、国際会議などに出席する目的で宿泊する団体に対しては、「==コンベンションレート==」が提供されます。

**顧客セグメント**
消費者を似たようなニーズを持つ人々のグループに分類すること。「市場細分化」とも言う。

## 顧客セグメントとルームレートの種類

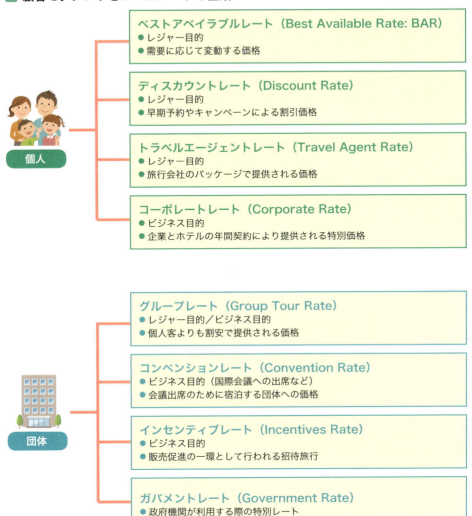

**Chapter4**
**02**

宿泊部門②

# 客室ビジネスの業績を評価する
# OCC・ADR・RevPAR

ホテルの客室が効率的に販売されているかを示すKPIとして、客室稼働率、平均客室単価、RevPARがあります。究極的にはRevPARを最大化することが客室ビジネスの目標となります。

**KPI**
Key Performance Indicatorの略。業績評価指標のこと。ビジネスが効率的に行われているのかを判断するための材料となる。

## 客室稼働率（OCC）と平均客室単価（ADR）

客室稼働率（Occupancy：OCC）は、客室が施設全体の何パーセント販売されているかを表す指標です。客室販売数÷総客室数で算出します。パーセント表示で、通常は小数第一位まで表記されます。客室稼働率は1日単位のほか、1カ月、3カ月、1年など、一定期間にわたって計算することもできます。その場合、分母となる総客室数は客室数に日数を乗じて求めます。

平均客室単価（Average Daily Rate：ADR）は、販売した客室の平均単価です。客室総売上÷客室販売数で求め、金額（円単位）で表記されます。

## もっとも重要な指標「RevPAR」

ホテルビジネスでもっとも重視される指標は、RevPAR（レヴパー：Revenue Per Available Room）です。直訳すると「販売可能な客室1室あたりの平均室料収入」という意味です。「販売可能な客室」とは、ホテル施設の総客室数を意味します。客室総売上÷総客室数で算出し、金額（円単位）で表記されます。

ADRは客室総売上を実際に販売した部屋数で割りましたが、RevPARは販売できなかった部屋の数も含めた総客室数で割って算出します。これはいくらで販売したかに関わらず、ホテルの全客室を効率的に販売できたのかを総合的に測る指標なのです。つまりRevPARは、結果的には客室稼働率とADRの双方を加味した指標となっています。その証拠に、RevPARは稼働率×ADRで求めることもできます。客室ビジネスの究極的な目標は、RevPARを最大化することであり、そのためには客室稼働率とADRのバランスを最適化することが必要です。

080

## ▶ 客室ビジネスのKPIと計算方法

| 指標 | KPI | 計算式 |
|---|---|---|
| 客室稼働率 | OCC<br>(Occupancy) | 客室販売数÷総客室数 |
| 平均客室単価 | ADR<br>(Average Daily Rate) | 客室総売上÷客室販売数 |
| レヴパー<br>(販売可能客室1室あたりの<br>平均室料収入) | RevPAR<br>(Revenue Per Available Room) | 客室総売上÷販売可能室数<br>(客室稼働率×平均客室単価) |

## ▶ RevPARの算出例

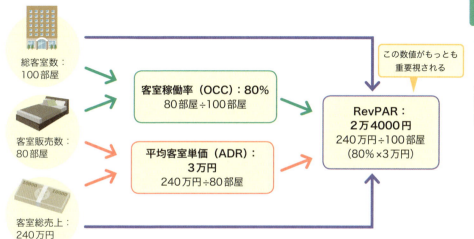

**Chapter4**
**03**

宿泊部門③

# 需要に応じて価格を変動させる
# レベニューマネジメント

一定のキャパシティをもつホテルの客室を効率的に販売するために、レベニューマネジメントという手法があります。需要が低いときには価格を下げて需要を喚起し、需要が高いときには価格を上げて収益の最大化を目指します。

## レベニューマネジメントの考え方

　レベニューマネジメント（Revenue Management）は、航空業界で生まれました。航空機の座席数は一定ですが、乗客の需要は時によって変化します。しかし航空機の客席を空けたままで飛行しても、満席で飛行しても、燃料代等のコストは同程度にかかってしまうため、一定以上の乗客がいなければ利益を確保することができません。このようにキャパシティ（供給量）が一定で、需要が変化し固定費が高い場合には、販売価格を変動させることによって、需要を平準化し収益を最大化することが有効です。

　レベニューマネジメントとは、ターゲットとする顧客の需要に合わせて、適切な商品を、適切な時期に、適切な価格で販売することである、と定義できます。そのためには、需要を正確に予測することがポイントになります。近年ではAIシステムを使用した需要予測が行われています。

## ホテルにおけるレベニューマネジメントの手法

　ホテルにおけるレベニューマネジメントでは、過去の販売実績データや競合他社の動向を参考にして顧客セグメントごとに需要を予測し、客室の価格を変動させて販売します。また同じ日にちの同じルームタイプであっても、早割や、事前決済プランなどの販売によって、さらなる需要の掘り起こしが可能になります。客室稼働率を高めてより多くのゲストに宿泊してもらえれば、館内のレストランやフィットネスなど、付帯施設での増収が見込めます。一方で稼働率が高まるほど必要となる人員の手配が必要となり、また変動費も上昇するため、ADRの一定水準を確保することが必要になります。

**固定費**
売上の増減に関わらず、固定的にかかる費用。人件費（固定給）、保険料、賃借料、減価償却費など。

**変動費**
売上の増減で変動する費用。食材費、客室清掃費、光熱費、エージェントコミッション、アメニティなど。

## ▶ 需要曲線と供給曲線

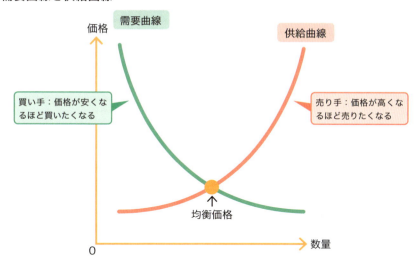

古典的経済学では、財やサービスの消費者の需要量と販売者の供給量によって価格が決定されることが示されています。

## ▶ 価格差別化の手法

| | | |
|---|---|---|
| ディスカウント | ・早割（Advance purchase） | 一定の期日以前に予約すれば割引をする |
| | ・事前決済（返金不可）(Non-refundable Payment) | クレジットカードなどで一定の期日以前に支払い、キャンセルしても返金しないことを条件に割引する |
| | ・レイトチェックイン（Late check-in） | 午後9時以後のチェックインなど、部屋の使用時間を短縮する |
| | ・連泊割引（5th night free） | 4泊すると5泊目が無料となる |
| 価格プレミアム | ・パッケージング（Bundling） | 宿泊と他のサービスを組合せることにより、増収を図る |
| | ・最低連泊日数（MLOS：Minimum Length of Stay） | 最低2泊以上などの制限によって連泊することで増収を図る |

第4章 ホテルの収益構造

083

Chapter4
04

食堂部門①

# レストランビジネスの特性と販売戦略

ホテルの料飲部門（Food & Beverage: F&B）は、レストラン、バー・ラウンジ、宴会に大別されます。レストランビジネスの特性は、ホテルの外部にも競合が多く、メニュー価格を頻繁に変動することが難しい点にあります。

**料飲部門（Food & Beverage）**
レストラン、バー・ラウンジ、宴会など、料理と飲料を提供する部門。F&Bとも呼ばれる。

**メインダイニング**
Main Dining。ホテルの飲食施設の中で最も格式の高いレストラン。フランス料理を主体としていることが多い。かつては主にコース料理を提供していたが、現在はプリフィックスやアラカルトを用意している場合も多い。

## ホテルの料飲施設の種類

　一般的にフルサービスホテルでは、朝食はカジュアルレストラン、ランチとディナーは**メインダイニング**やカジュアルレストラン、中国料理レストランなどで提供されます。また喫茶や軽食などを提供するロビーラウンジや、落ち着いた雰囲気でお酒を楽しめるメインバーもあります。日本のシティホテルの多くでは、和食レストランや寿司店、鉄板焼きなども提供されています。

　ビュッフェスタイルはレジャー客に人気があります。またウエディングの二次会会場として利用されることもあります。ビジネス客は接待を行う際に個室などを利用します。

## レストラン部門の販売戦略

　客室ビジネスでは収益を最大化するために需要を予測して販売価格を変動させますが、レストランビジネスの最大の違いは、商品の定価を頻繁に変更することができない、という点です。ホテルのメインダイニングで提供するステーキの値段が、今日は1万円で次の日は1万2千円というような価格の変動はありえません。またホテルの施設外のレストランは競合になります。したがってメニュー価格の設定は、顧客に受容される価格の範囲と、適切な利益率を考慮して、慎重に決定する必要があります。

　レストラン部門の収益性を高めるためには、客席の回転数を高めるか、平均客単価を高めることが考えられます。客席の回転数を高めるためには、時間制を導入することが考えられます。とくにビュッフェ形式などで90分制などの時間制限を設けることは、顧客の理解を得やすいでしょう。平均客単価を高めるためには、飲料のおかわりや食後のデザートなどをおすすめして、追加注文を促すことが考えられます。

## ▶ 料飲施設の種類：パレスホテル東京の場合

| レストラン | フランス料理「エステール」<br>オールデイダイニング「グランド キッチン」<br>日本料理「和田倉」<br>天麩羅「巽」<br>鉄板焼「濠」<br>中国料理「琥珀宮」<br>鮨「かねさか」 |
|---|---|
| バー＆ラウンジ | メインバー「ロイヤル バー」<br>ロビーラウンジ「ザ パレス ラウンジ」<br>ラウンジバー「プリヴェ」 |
| ショップ | ペストリーショップ「スイーツ＆デリ」 |
| ルームサービス | 「インルームダイニング」 |

## ▶ レストラン部門の収益を高める方法

**客席の回転数を高める**

- 時間制限を設ける
- 料理の提供スピードをあげる

など

**平均客単価を高める**

- 追加注文をうながし1人あたりの注文数を増やす
- 限定メニューやセットメニューなどで料理単価を上げる

など

レストラン部門の収益を高めるには、客席回転数や客単価が重要になります。

Chapter4
05

食堂部門②

# レストランビジネスの3つの指標
# 客席回転数、平均客単価、RevPASH

ホテルのレストランが効率的に販売されているかを示すKPIとして、客席回転数、平均客単価、RevPASHがあります。RevPASHは客室のRevPARと同様に、施設全体を有効活用して生み出された収入を表します。

## 客席回転数と平均客単価

客席回転数（Cover Turns）とは、レストランの座席が一定期間（シフト内、日、月、年）に使用された回数です。総客数÷座席数で算出し、単位は回転（数）で表します。たとえば、50席あるレストランで1日に75人の来店があった場合の客席回転数は、1.5回転となります。

平均客単価（Average Check）は、一定期間（シフト内、日、月、年）のレストラン利用客1人当たりの平均支払い金額です。レストラン総売上÷利用客数で求めます。円単位で表示します。

こうしたKPIを朝食、ランチ、ディナーなど営業シフトごとにウォッチすることによって、業績を分析しより効果的な方策を考えることが可能となります。また予算を作成する際にも、KPIを使用して売上高を算出します。

## 運営の効率性を測るRevPASH

客室部門におけるRevPARと同様の考え方を適用して、レストランのすべての座席を効率的に運営できているのかを測る指標が、RevPASH（Revenue Per Available Sheet Hours, レヴパッシュ）です。直訳すると、販売可能な客席1席あたり・時間あたりの平均収入という意味です。客室のRevPARとの主な違いは、客室は1日に1回販売することを前提としていますが、レストランでは1席を複数回販売する（回転させる）という点にあります。したがって、レストランのRevPARは、総売上÷（販売可能席数×時間数）で求めます。たとえば、100席のレストランで、5時から10時までの営業時間（5時間）に1,167,500円の売上があった場合、RevPASHは2,335円となります（図参照）。

086

## ▶ レストランビジネスのKPIと計算方法

| 指標 | KPI | 計算式 |
|---|---|---|
| 客席回転数 | Cover Turns | 総客数÷提供可能座席数 |
| 平均客単価 | Average Check | レストラン総売上÷利用客数 |
| レヴパッシュ（販売可能な客席1席あたり・時間あたりの平均収入） | RevPASH (Revenue Per Available Sheet Hours) | レストラン総売上÷（販売可能席数×時間数） |

## ▶ RevPASHの計算例

| 営業時間 | 席数 | 売上 | RevPASH |
|---|---|---|---|
| 5時～6時 | 100 | 75,000 | 750 |
| 6時～7時 | 100 | 262,500 | 2,625 |
| 7時～8時 | 100 | 400,000 | 4,000 |
| 8時～9時 | 100 | 280,000 | 2,800 |
| 9時～10時 | 100 | 150,000 | 1,500 |
| 5時～10時（5時間） | 500 | 1,167,500 | 2,335 |

## ▶ レストランのRevPASHを高める方法

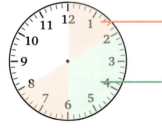

**客数の多い時間帯**
高単価の商品を提供しながら客席回転数を高める

**客数の少ない時間帯**
ティータイムメニューなどを充実させる（アフタヌーンティーなど）

人が食事をとる時間帯は、朝、昼、晩が中心になります。したがってレストランのRevPASHを高めるためには、時間帯にあわせて販売方法を変える必要があります。

第4章 ホテルの収益構造

087

**宴会部門①**

# Chapter4 06

# さまざまな用途に対応する一般宴会ビジネス

宴会部門は、一般宴会とウエディングに大別されます。一般宴会はウエディングを除くすべてのイベントを指します。用途に合わせて、宴会場のレイアウトを変更して、立食、正餐、スクール、シアター形式等に対応可能です。

## 一般宴会ビジネスの種類と特性

一般に「宴会」とは「酒食を共にし、歌や踊りを楽しむ集まり」を指しますが、ホテルの一般宴会で取扱う宴会はそれにとどまらず、料飲を提供しないミーティングや会議、企業の新年会から葬儀まで、まさに婚礼以外の集会すべてを含んでいます。

ビジネス用途では、企業の歓送迎会や式典、忘新年会などが行われます。また「偲ぶ会」という名称で社葬などが行われるケースもあります。こうしたビジネスでの用途は、ホテルの格式やブランド力、完璧なサービスが求められます。

このようにさまざまな用途に対応するために、宴会場をパーテーション（間仕切り）で仕切ったり、ホワイエまで開放してより大規模な集会に提供するなど、千変万化させてゲストの要望に応えます。宴会場のレイアウトには、立食、正餐（円卓を囲んで着席する形）、スクール（テーブルを教室のように並べる形）、シアター（映画館のように椅子だけを並べる形）などがあります。

## 大規模な売上が見込めるMICE

近年、注目が集まっているMICE（Meeting、Incentive Travel、Convention、Exhibition/Eventの頭文字をとったもの）は、大規模なものが多く、収容人数の多い大型の宴会場を持ち、国際儀礼（プロトコール）に即したサービスを提供できるホテルが会場として選ばれます。

とくに国賓や著名人などのVIPが出席する宴会においてはセキュリティの確保が重要になり、車での乗り入れの際のケアや裏導線への誘導、宿泊する際のフロア貸切など、厳重な体制が要求されます。

**ホワイエ**
foyer。宴会場に付帯している待ち合いスペース。参加者が休憩、歓談などを行う場所。

**国際儀礼（プロトコール）**
Protocol。国家間の儀礼上のルール。国旗の掲揚方法、服装（正礼装、準礼装、略装）、座席順などが定められている。

## ▶ 一般宴会の種別

| 一般宴会 | ビジネス | ・代表者就任披露　・新社屋竣工披露 |
| --- | --- | --- |
| | | ・祝賀会（創立記念、出版記念） |
| | | ・歓送迎会　・入社式 |
| | | ・学校関連（同窓会、謝恩会） |
| | | ・忘新年会、クリスマスパーティ |
| | | ・法要（偲ぶ会） |
| | プライベート | ・長寿祝（還暦、古稀、喜寿、傘寿、米寿、卒寿） |
| | | ・金婚式、銀婚式 |
| コンベンション | | ・国際会議（政府関連、公共団体、NGO） |
| | | ・団体会議（政治団体、経営者団体、連合会） |
| | | ・学術会議（学会） |
| | | ・各種セミナー |
| 展示会・発表会 | | ・展示販売会 |
| | | ・記者会見 |
| 催し物 | | ・ディナーショー |
| ケータリング | | ・出張宴会 |

第4章　ホテルの収益構造

## ▶ MICEのイメージ

**Meeting　企業会議**
企業が行う会議、研修、セミナー

**Incentive Travel　報奨・研修旅行**
企業が行う従業員の表彰、顧客の招待旅行

**MICE**
産官学の各組織が、ビジネスや政治、学問的なテーマのもとに開催する、ビジネスイベントの総称

**Convention　国際会議**
国際機関、学術団体、企業などが開催する国際会議

**Exhibition/Event　展示会・見本市**
業界団体や企業などが開催する展示会など

089

**Chapter4**
**07**

宴会部門②

# 総合力やオリジナリティが求められるホテルウエディング

ホテルウエディングは、挙式会場や宴会場のほか、レストラン、ラウンジ、宿泊施設などの付帯設備が完備され、総合力があります。婚礼市場が縮小する中、オリジナリティのあるウエディングの実現が求められています。

## 格式やサービス力の高さが魅力

　新郎新婦がウエディング会場に求めるものは、料理の質、交通の便などの立地の良さ、豪華な雰囲気などです。これらはいずれもホテルの強みと言える部分です。またホテルがもつ格式と確かなサービス力も魅力的な部分でしょう。

　ウエディングに注力しているホテルでは、チャペル、神殿、宴会場、庭園などの会場で、さまざまな挙式スタイル（キリスト教式、神前式、人前式など）を選択することができます。式後の披露宴では、参加人数に適した宴会場で洋食や和洋折衷料理など多様な料理を提供することが可能です。二次会の会場として、レストランや小宴会場もあります。さらに式前後に新郎新婦や列席者も含めて宿泊することができ、ホテルはウエディングをワンストップで完結できる総合力をもっていると言えます。

## ウエディングビジネスの特徴

　ウエディングビジネスの特徴として、大安吉日といったお日柄のよい土日や祝日など、特定の日に予約が集中します。人数に合わせた宴会場の仕切り方や、予約を受けるタイミングをコントロールすることが重要です。また、別の新郎新婦同士が顔を合わせないように配慮することも必要です。

　ウエディングを実施するためには、衣装室、美容室、写真室など、協力業者の存在が欠かせません。これらの業者がホテルの中にテナントとして店舗を構えている場合もあります。

　日本では少子高齢化による婚姻件数の減少が続くなか、結婚式を行わない「ナシ婚」層も増えています。このような市場環境にあって、ホテルの総合力や魅力を打ち出し、オリジナリティのあるウエディングを提案することが求められています。

---

**人前式**
宗教的・儀礼的な要素を排除して、参列者に新郎新婦の結婚を承認してもらうスタイル。

**和洋折衷料理**
日本料理とフランス料理などを中心としてメニューを組み立てた料理。幅広い年代に受け入れられるため、現在でも根強い人気がある。

**大安吉日**
大安は、六曜（先勝、友引、先負、仏滅、大安、赤口）のうちで最も縁起の良い日とされており、婚礼などの祝い事を行う日に選ばれる。

## ▶ 式場の種類と特徴

| ホテル | 宴会場の他、宿泊施設・レストラン・カフェなどの施設が充実。複数の挙式スタイルから選択可能。格式とブランド力がある。 |
|---|---|
| 専門式場 | 結婚式専用の施設が充実。複数の挙式スタイルから選択可能。庭などがあり、フォトスポットが豊富。 |
| ゲストハウス | 貸し切り感、プライベート感がある。自由度が高く、新郎新婦のアイデアを実現しやすい。ただし費用は高額になる。 |
| レストラン | 料理のクオリティーが高い。アットホームな雰囲気。付帯施設が十分でなく、大人数の結婚式には向いていない。費用は抑えられる。 |

## ▶ 新しいホテルウエディングの例

**少人数ウエディング**
親族や親しい友人などの限られたゲストのみで挙式・披露宴を行うプラン。アットホームな時間を過ごすことができると人気

**ホテルの庭園で行うガーデンウエディング**
ホテルの庭園を利用して挙式・披露宴を行うプラン。絶景のロケーションとプライベート感を味わうことができる

**フォトウエディング**
挙式を行わず、婚礼衣装を着用して写真撮影のみ行うプラン。ホテルのロケーションを活かした写真を撮ることができる

**レストランウェディング**
披露宴会場ではなく、ホテル内のレストランを会場として挙式・披露宴を行うプラン。カジュアルさとホテルならではの格式の高さが両立できる

第4章 ホテルの収益構造

Chapter4
08

宴会部門③

# 宴会ビジネスの2つの指標
# 宴会件数、平均客単価

ホテルの宴会場が効率的に販売されているかを示すKPIとして、宴会件数と平均客単価があります。ただし、宴席の用途（飲食を伴うか否か）や宴会場の仕切り方によって、宴会収入は大きく変動する性格を持っています。

## 宴会件数と平均客単価

宴会件数（Number of Events）は、一定期間の宴会件数です。しかし、とくに一般宴会は利用形態や利用時間、規模などが定型ではないため、件数だけで比較することは難しいのが実情です。通常、宴会種別ごとに件数をカウントして、予算や前年と比較します。平均客単価（Average Check）は、一定期間の宴会利用客1人当たりの平均支払い金額です。宴会総売上÷利用客数で求めます（円単位で表示）。とくに一般宴会では、必ずしも料飲の提供を行わない場合もあるので、案件ごとに金額は大きく異なります。

宴会場は、会場の仕切り（パーテーション）によって会場数が増えたり、時間貸しにより1日に複数回販売できる特性をもっています。さらに用途によって、飲食を伴う立食、正餐スタイル、飲食を伴わないスクールスタイルやシアタースタイルなど、さまざまな形で利用されることから、座席回転数の考え方はあまり有用とは言えません。

## 宴会ビジネスの課題

宴会ビジネスでは、ゲストの利用目的により、混みあうシーズンやお日柄が違います（株主総会などの企業イベントが集中する時期、ウエディングで重視される六曜など）。国際会議などの大型案件はかなり早めに予約が入りますが、定期的に利用するリピーター客との調整も必要です。また、予約をとる際には、先に宴会場を仕切って販売してしまうと、後で大型案件が取れなくなってしまうこともありえるので、宴席の規模と販売のタイミングを考慮する必要があります。さらに宿泊やレストランなど、他セクションの収入に結びつくかどうかも重要な要素になります。

## ▶ 宴会ビジネスのKPIと計算方法

| 指標 | KPI | 計算式 |
| --- | --- | --- |
| 宴会件数 | Number of Events | 一定期間の宴会件数 |
| 平均客単価 | Average Check | 宴会総売上÷利用客数 |

## ▶ 宴会場のレイアウトの例

### ●パーテーションで会場を仕切る例

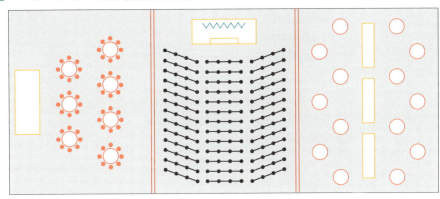

### ●正餐スタイルの例（ウェディングなど）

その他の部門

# その他の収入
# Other Income

ホテルの収入には、客室、レストラン、宴会のほかにも、インターネット接続料金などの「その他の収入」があります。サービス料も「その他の収入」として計上されます。

## その他の収入

ホテルの売上のうち、副次的な収入は「その他の収入」として扱われます。駐車場料金や電話料金、インターネット接続料金などが代表的なものです。

客室部門では、冷蔵庫に入ったドリンクを販売する「ミニバー」収入があります。料飲部門では、レストランの個室料金や、バーなどの「カバーチャージ（席料）」があります。宴会部門では、室料収入のほか、音響や照明器具、装花などの料金があります。婚礼では、引き出物やメッセージボードなどの料金も発生します。

その他、ホテルの特性によって、スキーリゾートであればレンタルスキーやスノーボード、ビーチリゾートでは水着レンタルなども計上されます。

## サービス料収入

日本のフルサービスホテルでは、サービス料を徴収することが一般的です。サービス料はもともと欧米のチップにかわるものとして導入された制度ですが、会計上は「その他の収入」として扱われます。宿泊、レストラン、宴会など、ホテルのすべての商品に10～15％（料率はホテルにより異なる）のサービス料が加算されます。近年では欧米でも「チップの義務付け（Mandatory tipping）」として、一定料率の加算が一般化している国があります。

かつてホテルの料金表示は「税サ別」、つまり税金とサービス料は別記されるケースが主流でした。2021年4月から消費税総額表示が義務化され、税金を含めて表記することになりました。それを機に、税金とサービス料を合わせて総額表示するホテルが増加しました。

**チップ**
tip, gratuity。
規定料金とは別に、サービスを受けたことに対して心づけとして相手に渡す現金など。

## ▶ 宿泊料の料金表示例（サービス料率15％、消費税10％）

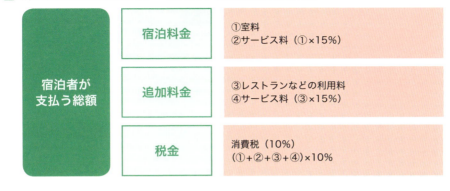

## ▶ 各部門のその他の収入

| 客室部門 | ミニバー、VOD視聴料 |
|---|---|
| 食堂部門 | 個室料金、カバーチャージ（席料） |
| 宴会部門 | 室料、音響照明使用料、装花、装飾、引き出物 |
| その他部門 | サービス料、駐車場料金、電話料金、インターネット接続料金 |

 ONE POINT

### チップ離れ

近年、米国の一部地域では「チップ離れ」が起きています。デジタル決済が普及し、決済画面で「20％・22％・25％」などのように、チップの選択肢が表示されると、顧客も支払を拒否しづらくなります。こうしたシステムに嫌気がさした人々が増え、チップ不要のレストランが人気を集めています。

## COLUMN 4

# 予算管理とフォーキャスト

### コンラッド・ヒルトンの経営手法

　ヒルトンの創業者であるコンラッド・N・ヒルトン（Conrad N. Hilton, 1887-1979）は、1919年にテキサス州シスコで最初のホテルを買収すると、その後も順調にホテルを増やし、ついにウォルドルフ・アストリアホテルやスタットラーホテルを手中に収め、ホテル王と呼ばれました。コンラッドは、"Digging for Gold"（金を掘り起こせ）をモットーに、買収したホテルの食堂を客室に改装したり、フロントを半分に縮小して売店に転換したり、またアーケードにテナントを誘致するなど、ホテル物件をより有効活用して収益を最大化させました。同時に、当時のホテル経営者が行っていた"ドンブリ勘定"はなく、厳密なコストコントロールと、正確なフォーキャスト（収支見通し）を徹底し、ついに1947年にニューヨーク証券取引所への上場を果たし、ホテル経営の近代化に貢献しました。

　ヒルトンの科学的ホテル経営手法は、予算をたて（Plan）、運営を行い（Do）、予算と実績を対比し（Check）、フォーキャストを再計算して対策する（Action）というPDCAサイクルに則ったものです。

### フォーキャストの重要性

　フォーキャストとは、過去の実績やシーズナリティ、周辺で行われるイベントや競合の動きから、将来の需要を予測することです。正確なフォーキャストを行うことによって、客室の販売価格・人員体制・必要な食材量などを調整し、利益の向上が期待できます。また予算、フォーキャストの精度を上げることによって運営上の問題点を明らかにし、次なる方策や改善計画を立てることにもつながるのです。

　予算の策定や、フォーキャストの作成、実績との対比を行う際には、各営業部門のKPIを重視します。客室部門の客室稼働率やADR、レストランの客席回転数や平均客単価などのKPIは、オーナーとオペレーターの協議の場で議論され、合意形成を図ることによって、より効率的なホテル経営が実現していくのです。

# 第5章
# ホテル業界の業界地図
（国内ホテル）

国内のホテルチェーンには、御三家をはじめとして、
ホテル業を専業とする企業のほかに、鉄道グループや
不動産グループなど、さまざまなバックグラウンドを
持つものがあります。この章では、国内の主要ホテル
チェーン企業を紹介します。

**Chapter5 01**

国内ホテルチェーン①

# 帝国ホテル
# 日本を代表するシティホテル

帝国ホテルは、国の威信をかけ、渋沢栄一らによって建設されたシティホテルの草分けです。御三家ホテルとして、日本のホテル業界を牽引してきました。今後、京都事業所の開業、東京事業所の建て替えが予定されています。

## 130年以上の歴史を誇る老舗ホテル

帝国ホテルは、外務卿井上馨から要請を受け、渋沢栄一、大倉喜八郎らによって、1890年に開業されました。その後1923年に建て替えられ、ライト館が完成しました。現在の本館の建物は1970年に建設されました。1983年に開業したインペリアルタワー（現・帝国ホテルタワー）は、賃貸オフィスやショップフロアを併設した複合ビルで、同社の収益の安定化につながっています。

帝国ホテルでは、国内初となるホテル内のランドリーサービスや、バイキングスタイルのレストラン、ホテルウエディングなど、さまざまな新サービスを導入してきました。

1933年、山岳リゾートホテルとして、上高地帝国ホテルが開業しました。1996年には帝国ホテル大阪がオープンしました。

## 帝国ホテルの経営形態と今後の事業計画

帝国ホテルの経営形態は、東京と上高地は所有直営方式（一部土地を賃借）、大阪はリース方式です。

コロナ禍に際して業績が低迷する中、2021年から東京の一部客室を長期滞在用のサービスアパートメントとして販売し、話題となりました（タワー建て替えのため2024年6月末に営業終了）。

今後の計画として、2026年に京都にホテルを開業し、また現在の東京事業所の建て替えを含む「TOKYO CROSS PARK構想」を発表しています。東京本館と帝国ホテルタワーを立て替えるとともに、隣接するセントラルタワーにも客室と宴会場が設置される予定です。外資系ホテルチェーンの進出が相次ぐなかで、新ホテルの建設によって競争力を高め、日本ならではのおもてなしの伝統を守りながら、次なるステージを目指しています。

---

**ライト館**
米国の建築家、フランク・ロイド・ライトが設計。鉄筋コンクリートと煉瓦コンクリート構造、大谷石を随所に採用したデザインは、モダニズム建築の代表作と言われる。現在、玄関部分は愛知県の明治村に移設され、保存されている。

## ▶ 帝国ホテル東京の基本情報（2024年3月期）

| 社名 | 株式会社 帝国ホテル（IMPERIAL HOTEL, LTD.） |
|---|---|
| 事業内容 | ホテル事業、不動産賃貸事業 |
| 売上高（連結） | 53,335百万円（2023年度） |
| 従業員数（連結） | 1,758名 |
| 資本金 | 1,485百万円 |
| 主要株主 | 三井不動産株式会社（33.20%） |
| 主な事業所 | 帝国ホテル東京、帝国ホテル大阪、上高地帝国ホテル　他 |
| 子会社、関連会社 | 株式会社帝国ホテルエンタープライズ、株式会社帝国ホテルサービス、株式会社帝国ホテルハイヤー　他 |

出所：公開資料をもとに筆者作成

歴史ある老舗ホテルチェーンとして、上質なおもてなしが評価されています。

## ▶ 「TOKYO CROSS PARK構想」街区用途概念図

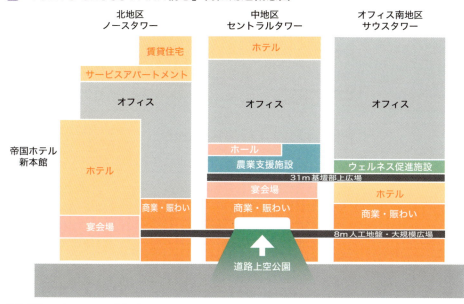

出所：「TOKYO CROSS PARK構想」（https://www.tokyo-cross-park.jp/）の情報をもとに作成

**Chapter5**
**02**

国内ホテルチェーン②

# ホテルオークラ
# 海外にも積極展開する御三家

ホテルオークラは、東京オリンピックを控えた1962年に開業しました。積極的に海外進出を果たし、JALホテルズとの経営統合によって、日本発のホテルチェーンオペレーターとしての地位を築きました。

## ホテルオークラの誕生と海外展開

1962年に開業したホテルオークラ東京は、城郭建築様式を取り入れて海鼠壁をあしらい、内装も日本伝統の意匠を散りばめた豪華なホテルでした。その後2019年に建て替えられ、「The Okura Tokyo」として、中層棟「オークラヘリテージウイング」と、高層棟「オークラ プレステージタワー」の2棟を有するラグジュアリーホテルに生まれ変わりました。

1971年にホテルオークラアムステルダム、1972年にグアムホテルオークラ（2008年運営終了）を開業するなど、日本のホテルチェーンとしていち早く海外進出を果たしました。その後国内では神戸、福岡、千葉、東京ベイ、札幌、京都など、海外ではマカオ、バンコク、台北などに次々と展開していきました。

2010年にはJALホテルズの株式の79.6%を取得し、同社を連結対象子会社としました。さらに2015年に両社グループにおけるホテルチェーン運営機能を統合し、「オークラ ニッコー ホテルマネジメント」を子会社として設立し、オークラホテルズ＆リゾーツ、ニッコー・ホテルズ・インターナショナル、ホテルJALシティを運営する体制となりました。

## 国内外に150ホテルの運営を目指す

**Best A.C.S.**
A: Accommodation
C: Cuisine
S: Service
の頭文字。最高の設備、最高の料理、最高のサービス。

ホテルオークラは営業三大目標として「Best A.C.S.」を掲げ、現在国内53事業所、海外26事業所の合計79ホテルを運営しています（2024年6月時点）。The Okura Tokyoは所有直営方式ですが、その他は一部のホテルを除いてMC方式です。

日本発のインターナショナルホテルチェーンオペレーターとして、2030年までに国内外の運営ホテルを150カ所に拡大することを目指しています。

100

## ▶ ホテルオークラの基本情報（2024年3月期）

| 社名 | 株式会社ホテルオークラ（HOTEL OKURA CO., LTD.） |
|---|---|
| 事業内容 | ホテル事業、レストラン事業　他 |
| 売上高（連結） | 85,698百万円（2024年3月期） |
| 従業員数（連結） | 3,349人 |
| 資本金 | 3,000百万円 |
| 主要株主 | 大成建設株式会社（8.7％）、三菱地所株式会社（6.9％） |
| 主な事業所 | 東京、京都、神戸、札幌、福岡など国内53事業所<br>アムステルダム、上海、ソウル、マカオなど海外26事業所 |
| 子会社、関連会社 | 株式会社オークラ ニッコー ホテルマネジメント、HOTEL OKURA AMSTERDAM B.V.　など |

出所：公開資料をもとに筆者作成

## ▶ ホテルオークラの運営体制

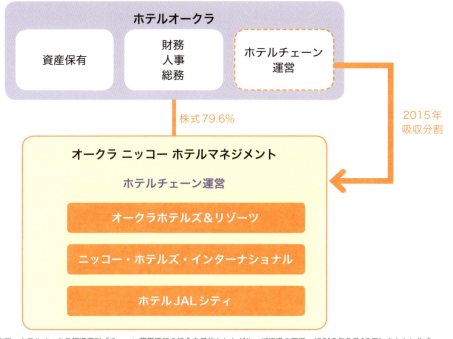

出所：ホテルオークラ報道資料「チェーン運営機能の統合を目的としたグループ組織の再編」（2015年8月10日）をもとに作成

Chapter5
03

国内ホテルチェーン③

# ニュー・オータニ 創業者の「NEW」へのこだわり

ホテルニューオータニ（東京）は、1964年の東京オリンピックに合わせて開業した巨大なホテルです。ホテル内に専用ラウンジを携えたラグジュアリーホテルを設置するなど、ユニークな取り組みが特徴です。

## ホテルニューオータニの誕生とチェーン展開

東京オリンピックを間近に控えた1962年、ホテル不足が予測されるなか、政府の要請を受けた大谷米太郎は、1000室超のホテル建設に挑みました。わずか17か月という短期間に、日本最大級のホテルを建設するため、外壁はカーテンウォール工法を採用し、東陶機器（TOTO）によって開発されたユニットバスを組み込むことにより、工期を大幅に短縮することに成功しました。こうして1964年9月、ホテルニューオータニ（東京）が開業しました。1970年代以後、同社は博多、札幌などに次々とチェーン展開していきました。海外では、アメリカやアジアを中心に出店しました。

現在、ニューオータニホテルズは、国内13ホテル、海外1ホテル（ホテルニューオータニ長富宮・北京市）を運営しています。東京、大阪、幕張は所有直営方式であり、その他はMC方式です。

## ユニークな取り組み

創業以来、ホテルに掲げる、常にホテルが新しく（NEW）ありたいという遺伝子は現在も受け継がれています。2007年には、外資系ラグジュアリーホテルに対抗するため、ホテルニューオータニ内に「エグゼクティブハウス 禅」を開業しました。

コロナ禍に際しては、2022年4月からサービスアパートメント事業を開始しました。77㎡の室内にヒノキ風呂と小規模なキッチンを設置した「新江戸レジデンス」は、30泊280万円（当時）で販売されました。また同年、ホテルスタッフがサポートする結婚相談所「ホテルニューオータニ マリッジコンシェルジュ」を開業するなど、ユニークな取り組みがなされています。

**エグゼクティブハウス 禅**

ホテルニューオータニ内にある最上級の"ホテル・イン・ホテル"として、2007年に開業。84室。客室は、石、竹、炭、麻、和紙などを使用したデザイン。専用ラウンジでのフードプレゼンテーションを提供。

## ▶ ニュー・オータニの基本情報（2024年3月期）

| 社名 | 株式会社ニュー・オータニ（NEW OTANI CO.,LTD.） |
|---|---|
| 事業内容 | ホテル事業、貸店舗事業　他 |
| 売上高（連結） | 67,901百万円 |
| 従業員数（連結） | 2,000人 |
| 資本金 | 3,462百万円 |
| 主要株主 | 大谷不動産株式会社（27.1％） |
| 主な事業所 | ホテルニューオータニ（東京）、ホテルニューオータニ幕張、ホテルニューオータニ大阪、など |
| 子会社、関連会社 | エイチアールティーニューオータニ、株式会社ニューオータニ九州　など |

出所：公開資料をもとに筆者作成

## ▶ エグゼクティブハウス　禅

写真提供：ニュー・オータニ

エグゼクティブハウス禅は、フォーブス・トラベルガイドで2020年度版から5年連続で5つ星を獲得しています。

**Chapter5 04**

国内ホテルチェーン④

# 西武ホールディングス 持たざる経営へのシフトを目指す

西武ホールディングスは、都市交通・沿線事業と、ホテル・レジャー事業を営んでいます。ホテル事業ではオペレーション会社を設立し、アセット・ライト（持たざる経営）を掲げて、世界にホテル網を拡大しています。

## プリンスホテルの誕生と全国展開

　プリンスホテルの歴史は、創業者 堤康次郎による軽井沢、箱根開発から始まりました。軽井沢の朝香宮別邸をはじめ、竹田宮邸（高輪）、李王家邸（赤坂）、北白川宮邸（新高輪）など、皇籍離脱した宮家の保有する土地や邸宅を次々と手中に収め、ホテルとして開業していきました。さらに軽井沢（千ヶ滝）を皇室専用ホテルとして皇太子等が利用し、「プリンス」の名を使用するようになりました。

　その後の高度経済成長期には、スキー場やゴルフ場などを次々とオープンし、レジャーの流行を牽引する華やかな役割を担っていきました。また、グランドプリンスホテル新高輪の大宴会場「飛天」では、多くの芸能人が披露宴を行い、「国際館パミール」では日本アカデミー賞授賞式が行われるなど、消費者にとって憧れの存在となったのです。

## ブランド再編とオペレーター事業への移行

　2007年4月、プリンスホテルはブランド再編を実施し、各ホテルを「ザ・プリンス」「グランドプリンスホテル」「プリンスホテル」の3つのカテゴリーに分類しました。2020年には、新たに「プリンス スマートイン」ブランドを開始し、アプリによる予約やデジタルキー、自動チェックイン機の導入による非対面サービスを提供しています。

　2022年4月、株式会社プリンスホテルは組織再編を行い、新会社「株式会社西武・プリンスホテルズワールドワイド」へ事業の一部を承継し、資産を保有する直営方式から、純粋なオペレーターへ事業を転換することを表明しました。2024年3月時点で、国内59ホテル、海外28ホテルを展開しています。

## ▶ 西武ホールディングスの基本情報（2024年3月期）

| 社名 | 株式会社西武ホールディングス (SEIBU HOLDINGS INC.) |
|---|---|
| 事業内容 | 都市交通・沿線事業、ホテル・レジャー事業、不動産事業 他 |
| 売上高（連結） | 477,598百万円（うちホテル・レジャー事業　226,071百万円） |
| 従業員数（連結） | 20,913人（うちホテル・レジャー事業　9,510人） |
| 資本金 | 50,000百万円 |
| 主要株主 | 株式会社NWコーポレーション（15.83%）、日本マスタートラスト信託銀行株式会社（9.74%） |
| 主な事業所 | ザ・プリンスギャラリー東京紀尾井町、ザ・プリンス パークタワー東京、ザ・プリンス軽井沢、ザ・ホテル青龍 京都清水、プリンス ワイキキ、ザ・プリンス アカトキ、ザ・プリンス キタノ ニューヨーク　など |
| 子会社、関連会社 (ホテル・レジャー事業) | 株式会社西武・プリンスホテルズワールドワイド、株式会社西武リアルティソリューションズ、プリンスリゾーツハワイインク、ハワイプリンスホテルワイキキＬＬＣ、マウナケアリゾートＬＬＣ、ステイウェル ホールディングス Pty Ltd、株式会社横浜八景島、台湾横浜八景島股份有限公司　など |

出所：公開資料をもとに筆者作成

## ▶ プリンスホテルのブランド構成

※ザ・プリンスギャラリー東京紀尾井町は、どのブランドにも属さない独立した最上級ホテル

出所：プリンスホテル公開資料をもとに作成

**Chapter5 05**

国内ホテルチェーン⑤

# 東急ホテルズ＆リゾーツ
# マルチ・ブランド戦略による展開

東急グループは観光事業にも意欲的に取り組み、ヒルトンと提携して国内初となる外資系ホテルを開業しました。現在は、東急ホテル、東急リゾート、エクセルホテル東急、東急REIホテルなどのブランドを展開しています。

## 東急グループによる観光業への参入

東京急行電鉄創業者の五島慶太は、「観光立国」への意欲を燃やし、1954年に横浜ホテルを買収したほか、観光バス事業の認可取得や、1956年には東急観光を設立するなど、積極的に観光業に参入していきました。

1950年に国際観光ホテル整備法が施行され、国際的なホテル建設への機運が高まりました。そこで1959年に東急国際ホテル株式会社を設立し、翌年に銀座東急ホテルを開業しました。また、ヒルトン・インターナショナルとMCを結び、1963年に千代田区永田町に日本初の外資系ホテルとなる東京ヒルトンホテルを開業しました。その後も同社は、白馬、羽田、博多、赤坂など、チェーン網を広げていき、1968年には株式会社東急ホテルチェーンを発足しました。

## ラグジュアリーから宿泊特化までの幅広いブランド戦略

その後、東急ホテルチェーンは東急電鉄が運営する東急インチェーンと統合され、2005年に東急ホテルズが発足しました。

現在では、オペレーター業務に特化した東急ホテルズ＆リゾーツとして、国内68ホテルと海外3ホテル（提携ホテル）の運営を行っています。最上級の「ザ・キャピトルホテル東急」をはじめとして、「東急ホテル」、白馬や宮古島などの「東急リゾートホテル」、渋谷や主要都市に立地する「エクセルホテル東急」、「東急REIホテル（旧 東急イン）」のほか、東急歌舞伎町タワー内に開業したBELLUSTAR TOKYOや、札幌のSAPPORO STREAM HOTELなど、個性的なホテルブランド群として「DISTINCTIVE SELECTION」を展開しています。

## ▶ 東急ホテルズ＆リゾーツ株式会社の基本情報（2024年3月期）

| | |
|---|---|
| 社名 | 東急ホテルズ＆リゾーツ株式会社 (TOKYU HOTELS & RESORTS CO., LTD.) |
| 事業内容 | ホテルの運営 |
| 売上高 | 4,555百万円 |
| 従業員数 | 291人 |
| 資本金 | 100百万円 |
| 主要株主 | 東急株式会社（100%） |
| 主な事業所 | ザ・キャピトルホテル東急、セルリアンタワー東急ホテル、BELLUSTAR TOKYO、ザ パーク フロント ホテル アット ユニバーサル・スタジオ・ジャパン　など |
| 子会社、関連会社 | 東急ホテルズ アジア PTE. LTD. |

出所：公開資料をもとに筆者作成

## ▶ 東急ホテルズ＆リゾーツの契約スキーム

出所：ニュースリリース（2023年2月28日）をもとに作成

## ▶ 東急ホテルズのブランドポートフォリオ

| | |
|---|---|
| Tokyu Brand Hotels | ザ・キャピトルホテル 東急、東急ホテル、東急リゾートホテル、エクセルホテル東急、東急REIホテル |
| DISTINCTIVE SELECTION（東急ブランドホテルの枠を超える、際立ったデザイン・立地・体験価値などの個性を有するホテル） | BELLUSTAR TOKYO、HOTEL GROOVE SHINJUKU、THE HOTEL HIGASHIYAMA by Kyoto Tokyu Hotel、ザ パーク フロント ホテル アット ユニバーサル・スタジオ・ジャパン、STREAM HOTEL、STORYLINE |
| Membership-type resort（会員滞在型リゾート） | 東急バケーションズ |
| Partner Hotels | ANDARU COLLECTION NISEKO、アウトリガー・リーフ・ワイキキ・ビーチ・リゾート、ホテル伊豆急、LE NESSA、かねひで喜瀬ビーチパレス、かねひで喜瀬カントリークラブ コテージ |

出所：東急ホテルズWebサイト（https://www.tokyuhotels.co.jp/company/bland/index.html）の情報をもとに作成

Chapter5
06

国内ホテルチェーン⑥

# 藤田観光
# ラグジュアリーからビジネスまで

藤田観光の歴史は、藤田財閥の資産を市民に解放することからはじまりました。ビジネスホテルの老舗であるワシントンホテルチェーンや、MCによる外資系ラグジュアリーホテルの開業など、業界に革新を起こしてきました。

## 藤田観光によるイノベーション

藤田観光は1955年、藤田興業の観光部門を分離・独立して設立されました。初代社長の小川栄一は、「これまで一部の階級に所有されていた邸宅・別荘・庭園等を、多くの人びとが利用できるようにすることこそ社会的事業である」として、藤田財閥の邸宅・庭園をホテルやレストランとして営業を開始しました。

箱根小涌園や椿山荘、太閤園などが次々と開業されました。1973年には、直営のビジネスホテルブランドとして、札幌第1ワシントンホテルを開業します。その後、ワシントンホテルよりもワンランク上級のビジネスホテルとして、ホテルグレイスリーブランドが誕生します。

1992年、椿山荘の敷地内に、フォーシーズンズホテルとMCを締結して、「フォーシーズンズホテル椿山荘東京」を開業しました。その後20年間の契約期間を満了して、2013年からは「ホテル椿山荘東京」として、直営に変更されました。現在は広大な庭園を活かしたライトアップや、蛍が舞う様子を鑑賞できる「ほたるの夕べ」、人工的に霧を発生させる「東京雲海」など、遊び心あふれる演出が話題を集めています。

## 藤田観光の経営形態と今後の経営計画

現在、藤田観光は、ワシントンホテルやホテルグレイスリーなどのＷＨＧ事業、ホテル椿山荘東京や結婚式場を含むラグジュアリー＆バンケット事業、箱根小涌園などのリゾート事業を運営しています。ワシントンホテルは約6割がFCとMCですが、その他の事業はほとんどが所有直営方式です。今後は多様な経営形態によって店舗を拡大していく方針です。

**フォーシーズンズ
ホテル椿山荘東京**
1992年に開業したフォーシーズンズホテル椿山荘東京は、1994年に開業したパークハイアット東京、ウェスティンホテル東京と並んで、外資系の「ホテル新御三家」と呼ばれた。

## ▶ 藤田観光株式会社の基本情報（2024年3月期）

| 社名 | 藤田観光株式会社（FUJITA KANKO INC.） |
|---|---|
| 事業内容 | WHG事業、ラグジュアリー＆バンケット事業、リゾート事業 他 |
| 売上高（連結） | 64,547百万円 |
| 従業員数（連結） | 1,342人 |
| 資本金 | 100百万円 |
| 主要株主 | DOWAホールディングス株式会社（31.83％） |
| 主な事業所 | ホテル椿山荘東京、箱根ホテル小涌園、新宿ワシントンホテル　など |
| 子会社、関連会社 | WHGホテルタビノス株式会社、藤田リゾート開発株式会社　など |

出所：公開資料をもとに筆者作成

## ▶ 藤田観光株式会社の事業

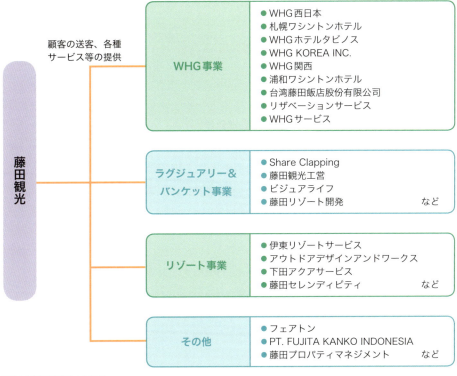

出所：決算報告書をもとに作成

第5章　ホテル業界の業界地図（国内ホテル）

109

**Chapter5**
**07**

国内ホテルチェーン⑦

# パレスホテル
# 国内発のラグジュアリーホテル

皇居外苑前という絶好のロケーションに建つパレスホテル東京は、フォーブス・トラベルガイドで5つ星を獲得しているラグジュアリーホテルです。新たな宿泊主体ブランドなどを出店し、今後ホテル数を拡大する方針です。

## パレスホテルの誕生と展開

　株式会社パレスホテルは1960年に創業し、1961年に皇居に隣接する地にホテルを開業しました。もともと国有国営の「ホテルテート」が営業していましたが、その後、東京會舘に払い下げられ、建て替えられたものです。建設当初から、ホテルに賃貸オフィス棟を併設することによって、安定的な賃料収入を確保することを目指しました。

　同社はホテルチェーンとして、「ホテルグランドパレス」や「パレスホテル大宮」、「パレスホテルグアム」、「パレスホテル箱根」、「パレスホテル立川」など、ホテル数を増やしていきました（現在は大宮を除いて営業終了）。

　皇居外苑に位置するパレスホテルは、施設の老朽化に伴って、2009年から建替工事に入り、2012年に「パレスホテル東京」として開業しました。外資系ホテルに比肩するラグジュアリーなデザインと、最上級のホスピタリティが評価され、2016年に日系ホテルとして初めて「フォーブス・トラベルガイド」で5つ星を獲得し、以降も毎年獲得しつづけています。2020年には、宿泊主体型ホテル「Zentis Osaka」を開業しました。

## パレスホテルの経営形態と今後の経営方針

　パレスホテル東京は所有直営方式であり、同社は前述のように賃貸オフィス棟を併設しています。大宮とZentisは賃貸方式です。

　今後は、「パレスホテル箱根」の跡地に新たなホテルの建設を検討しています。また、Zentisブランドの施設を国内主要都市に出店していく方針を発表しました。さらに、台湾の「台北アンバサダーホテル」とMCを締結し、2028年に「アンバサダーパレスホテル台北」を開業する予定です。

110

## ▶ 株式会社パレスホテルの基本情報（2023年12月期）

| 社名 | 株式会社パレスホテル（PALACE HOTEL CO., LTD.） |
|---|---|
| 事業内容 | ホテル事業、不動産事業、コンサルティング／研修事業、その他事業 |
| 売上高（連結） | 35,571百万円 |
| 従業員数（連結） | 831人 |
| 資本金 | 1,000百万円 |
| 主要株主 | サントリーホールディングス株式会社（17.46％）、阪急阪神ホールディングス株式会社（6.65％） |
| 主な事業所 | パレスホテル東京、Zentis Osaka、パレスホテル大宮 |
| 子会社、関連会社 | 株式会社パレスエンタープライズ、株式会社パレスホテルマネジメント、パレスフードサービス株式会社　など |

出所：公開資料をもとに筆者作成

## ▶ パレスホテル東京

写真提供：株式会社パレスホテル

第5章　ホテル業界の業界地図（国内ホテル）

国内ホテルチェーン⑧

# ロイヤルホテル
# ホテルオペレーターへの転換

**Chapter5**
**08**

ロイヤルホテルは、大阪の政財界の要請から誕生し、「関西の迎賓館」と呼ばれました。コロナ禍を経て、旗艦ホテルの固定資産を売却し、ホテルオペレーターに特化する方針を発表しました。

## リーガロイヤルホテルの誕生と展開

　リーガロイヤルホテルの前身である「新大阪ホテル」は、大阪政財界の「賓客のための近代的ホテルを大阪に」という要望から1935年に開業しました。大阪市長が帝国ホテルに新ホテル建設を相談して、住友合資をはじめとする大阪商工会議所のメンバーが中心となって出資しました。以降、多くのイベントが催され、皇族を始め各界の名士に利用されました。

　その後、1958年に「大阪グランドホテル（現リーガグランドホテル）」、1965年に「大阪ロイヤルホテル（現リーガロイヤルホテル）」、1969年に「京都グランドホテル（現リーガロイヤルホテル京都）」などが開業されました。

　1990年、ブランド名称を新たに「**リーガロイヤル**ホテルグループ」として、東京（早稲田）・広島・小倉（福岡）・新居浜（愛媛）などにネットワーク網を拡大していきました。

## 旗艦ホテルの売却とオペレーターへの転換

　大阪を代表するホテルとして親しまれてきたホテルも、施設の老朽化がすすみ、さらにコロナ禍の影響によって業績が落ち込み、同社の経営状態は悪化しました。2023年、旗艦のリーガロイヤルホテルの土地と建物を、カナダ系の不動産投資会社BGO（ベントール・グリーンオーク・グループ）に売却し、運営に特化する方針を発表しました。同ホテルは、総額135億円の大規模な改装を行い、2025年4月から、IHGの**ソフトブランド**「ヴィニェットコレクション」にリブランドされる予定です。同時にBGOから資本の受け入れも行い、今後国内で新ホテルの展開を計画しています。

**リーガロイヤル**
「リーガ(RIHGA)」は、Royal International Hotel Group & Associatesの頭文字をとったもの。それぞれの個性を活かした魅力的なホテル像を追求するホテルグループのシンボルとして、1990年4月1日に制定された。

**ソフトブランド**
ホテル本来の名称、デザイン、特徴を維持したまま、大手チェーンの系列になることを許可するホテルのコレクション。他に、マリオットインターナショナルのAutograph Collection、スターウッドホテルズ＆リゾートワールドワイドのThe Luxury Collection などがある。

112

## ▶ 株式会社ロイヤルホテルの基本情報（2024年3月期）

| 社名 | 株式会社ロイヤルホテル（THE ROYAL HOTEL, LIMITED） |
|---|---|
| 事業内容 | ホテル事業、ホテル附帯事業 |
| 売上高（連結） | 20,668百万円 |
| 従業員数（連結） | 1,726人 |
| 資本金 | 100百万円 |
| 主要株主 | Blossoms Holding HK Limited（32.68%） |
| 主な事業所 | リーガロイヤルホテル（大阪）、東京、京都、広島、小倉、都市センターホテル　など |
| 子会社、関連会社 | 株式会社東京ロイヤルホテル、株式会社リーガロイヤルホテル東京　など |

出所：公開資料をもとに筆者作成

## ▶ ロイヤルホテルのブランドカテゴリーの再編成・新規展開

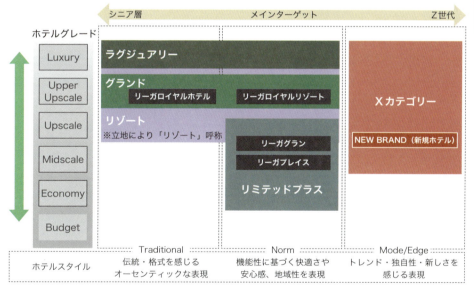

出所：第98期株主総会資料をもとに作成

新ホテルブランドとして、Z世代をターゲットにした「Xカテゴリー」を立ち上げる計画です。

国内ホテルチェーン⑨

# Chapter5
# 09

## 森トラスト
## 会員制リゾートとホテル開発

森トラストは、日本初の法人会員制リゾート「ラフォーレ倶楽部」を創設し、多くの企業と契約して、施設を増やしました。その後、外資系ラグジュアリーブランドなどと提携して、積極的に新規ホテルを開発しています。

### ラフォーレ倶楽部の開設と外資系ホテルの誘致

森トラストは、1970年に設立された不動産デベロッパーです。1976年、日本初の法人会員制リゾート施設として「ラフォーレリゾート修善寺」をオープンしました。その後、ラフォーレブランドは箱根強羅、伊東温泉、那須などに展開されました。

2005年にヒルトンとMCを締結して、「コンラッド東京」を開業しました。2009年には、丸の内トラストタワーに「シャングリ・ラ東京」を誘致しました。

2013年にマリオットとFCを締結し、「ホテルラフォーレ東京」を「東京マリオットホテル」にリブランドしました。2016年にはラフォーレブランドの軽井沢、南紀白浜、山中湖、修善寺、琵琶湖の5施設をマリオットブランドにリブランドすることを発表し、マリオットとの連携を深めていきました。その後、「コートヤード・バイ・マリオット 白馬ステーション」、「JWマリオット・ホテル奈良」、「東京エディション虎ノ門」などを相次いでオープンしています。

### 森トラストの経営形態と今後の計画

もともと森トラストは不動産業であり、基本的に土地・建物を所有しています。ラフォーレ倶楽部は直営ですが、ヒルトンやマリオットのブランドはMCまたはFC方式で運営しています。

今後の経営方針として、引き続き「東京ワールドゲート赤坂」などのオフィスビルの開発を行いながら、インターナショナルブランドホテルの開発も推進する計画です。一方で歴史あるクラシックホテル「万平ホテル」への資本参加や、ロイヤルホテルとの資本業務提携など、既存の国内ホテルへの投資も行っています。

**ラフォーレ倶楽部**
森トラストグループが所有・運営するラフォーレホテルズ＆リゾーツやマリオットホテルの優先予約保証を、法人契約した企業と共有する法人会員制リゾート。日本最大級の会員数を有する。

114

## ▶ 森トラスト株式会社の基本情報（2024年3月期）

| 社名 | 森トラスト株式会社（MORI TRUST CO., LTD.） |
|---|---|
| 事業内容 | 不動産開発、ホテル経営、投資事業 |
| 売上高（連結） | 262,903百万円（うちホテル事業664億円） |
| 従業員数（連結） | 3,297人（2023年4月時点） |
| 資本金 | 30,000百万円 |
| 主要株主 | 株式会社森トラスト・ホールディングス（69.56%） |
| 主な事業所 | ホテルラフォーレ修善寺、コンラッド東京、翠嵐ラグジュアリーコレクションホテル京都　ほか |
| 子会社、関連会社 | 森トラスト・ホテルズ＆リゾーツ株式会社、森トラスト・ビルマネジメント株式会社、森トラスト・アセットマネジメント株式会社　ほか |

出所：公開資料をもとに筆者作成

## ▶ 森トラストグループの概要

**不動産事業**
都市開発
オフィス賃貸
高級住宅賃貸・分譲
商業施設・貸会議室
エリアマネジメント
内装・リニューアル
管理運営

**ホテル＆リゾート事業**
ホテル開発
ホテル誘致
ホテル投資
ホテル運営
ゴルフ場運営
法人会員制倶楽部運営
各種運営コンサルティング

**投資事業**
資本提携
業務提携
M&A
各種ファンド投資
不動産証券化
不動産投資信託関連
コンサルティング

出所：森トラストリート法人Webサイトの情報をもとに作成

## ▶ 賃貸関係事業およびホテル関係事業の推移

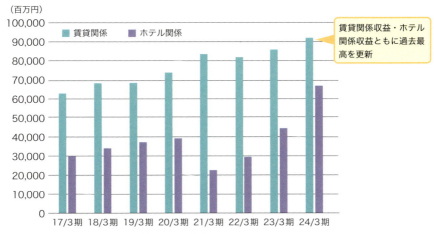

出所：森トラストグループ2024年3月期業績報告をもとに作成

第5章　ホテル業界の業界地図（国内ホテル）

**Chapter5**
**10**

国内ホテルチェーン⑩

# 三井不動産グループ
# 宿泊主体型からラグジュアリーまで

三井不動産グループは、三井ガーデンホテルズ等を展開する三井不動産ホテルマネジメントのほか、ハレクラニ沖縄などのラグジュアリーリゾートホテルを運営する三井不動産リゾートマネジメントを有しています。

## 三井ガーデンホテルズの展開とラグジュアリーホテル開発

　三井不動産は、住宅や商業ビルの開発を行う不動産デベロッパーです。ホテル事業としては、1980年に米国三井不動産が子会社「ハレクラニコーポレーション」を設立し、ハワイの「ハレクラニ」を全面的に建て替えて、1984年に開業しました。

　国内では、1981年に株式会社三井不動産ホテルマネジメントを設立し、1984年に「三井ガーデンホテル大阪淀屋橋」を開業しました。その後、全国に三井ガーデンホテルズブランドを展開し、2024年9月現在では国内34ホテル、海外1ホテルがあります。その他に同社では、「ザ セレスティンホテルズ」（3ホテル）、「sequence」（3ホテル）の運営を行っています。

　2017年、ラグジュアリーホテルを運営する会社として三井不動産リゾートマネジメントが設立されました。2019年に「ハレクラニ沖縄」、2020年には三井総領家の邸宅跡地に「HOTEL THE MITSUI KYOTO」をオープンし、両ホテルともにフォーブス・トラベルガイドから5つ星の認定を受けています。

## 三井不動産グループの今後のホテル計画

　三井不動産は、今後箱根町にラグジュアリーホテルを開業することを発表しました。その他に、大阪堂島浜に建設予定のパークタワーにホテルを併設するほか、台湾の敦化北路ホテル計画への参画も発表しています。

　帝国ホテル等と共同で、日比谷公園周辺の再開発「TOKYO CROSS PARK構想」にも参画しています（P.98参照）。三井不動産は宿泊主体型ホテルからラグジュアリーホテルに至るまで、日本を代表するホテルブランドに育成していくことを目指しています。

## ▶ 三井不動産株式会社の基本情報（2024年3月期）

| 社名 | 三井不動産株式会社（Mitsui Fudosan Co., Ltd.） |
|---|---|
| 事業内容 | 賃貸事業、分譲事業、マネジメント事業、施設営業事業、その他事業 |
| 売上高（連結） | 2,383,289百万円（うちホテルリゾート 140,577百万円） |
| 従業員数（連結） | 25,593人（うち施設営業 4,669人） |
| 資本金 | 341,000百万円 |
| 主要株主 | 日本マスタートラスト信託銀行株式会社（17.50％）、株式会社日本カストディ銀行（7.87％） |
| 主な事業所 | ハレクラニ沖縄、HOTEL THE MITSUI KYOTO、ブルガリホテル東京、アマネム　ほか |
| 子会社、関連会社 | 株式会社三井不動産ホテルマネジメント、三井不動産リゾートマネジメント株式会社　ほか |

出所：公開資料をもとに筆者作成

## ▶ 三井不動産グループのホテル＆リゾート事業

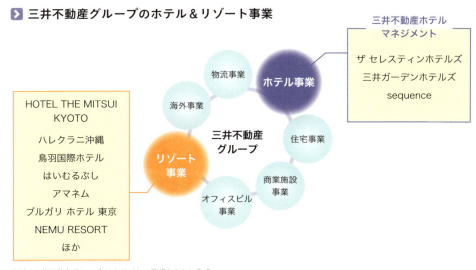

出所：三井不動産グループWebサイトの情報をもとに作成

**Chapter5**
**11**

国内ホテルチェーン⑪

# ミリアルリゾートホテルズ
# 東京ディズニーリゾートのホテル

ミリアルリゾートホテルズのディズニーホテルは、高い客室稼働率とADRを誇ります。グランドシャトーの登場によって、バリュータイプからラグジュアリーまでのラインナップが揃いました。

**グランドシャトー**
ファンタジースプリングスホテルのラグジュアリータイプ。全56室。国内ディズニーホテルで初のラグジュアリータイプとなる。

## ミリアルリゾートホテルズの誕生と発展

　ミリアルリゾートホテルズは、1996年、東京ディズニーリゾートを経営するオリエンタルランドの100％出資子会社として設立されました。2000年に開業した「ディズニーアンバサダーホテル」を皮切りに、2001年に開園した東京ディズニーシーと一体型の「東京ディズニーシー・ホテルミラコスタ」が開業しました。さらに2008年、「東京ディズニーランドホテル」が開業しました。

　2013年、ブライトンコーポレーションを買収し、同社が運営するホテルを取得するとともに、「東京ディズニーセレブレーションホテル」の経営を移管しました。2022年には「東京ディズニーリゾート・トイ・ストーリーホテル」を開業し、2024年には東京ディズニーシーの新エリアオープンと同時に「東京ディズニーシー・ファンタジースプリングスホテル」を開業しました。これにより、同社のディズニーホテルは、バリュータイプからモデレート、デラックス、ラグジュアリーまでのラインナップが揃い、ゲストの多様なニーズに応えられる体制が整いました。

## 東京ディズニーリゾートとの相乗効果と高い収益力

　ミリアルリゾートホテルズが運営するディズニーホテルは、オリエンタルランドが所有する物件をリースしています。ディズニーの強力な集客力によって、2023年度の客室稼働率は98.4％、ADRは54,430円となりました。2024年度以後は、ファンタジースプリングスホテルの「グランドシャトー」が加わったことにより、ADRのさらなる上昇が期待されます。また、同社は「東京ディズニーリゾート・バケーションパッケージ」の販売を強化しており、グループ全体の収益性向上が見込まれます。

**東京ディズニーリゾート・バケーションパッケージ**
テーマパークのアトラクションやショーなどと、ホテルの宿泊をセット販売する商品。

## ▶ 株式会社ミリアルリゾートホテルズの基本情報（2024年3月期）

| 社名 | 株式会社ミリアルリゾートホテルズ（MILIAL RESORT HOTELS CO., Ltd.） |
|---|---|
| 事業内容 | ホテルの経営、運営　他 |
| 売上高（連結） | 88,383百万円 |
| 従業員数（連結） | 2,232人（2024年4月1日現在） |
| 資本金 | 450百万円 |
| 主要株主 | 株式会社 オリエンタルランド（100%） |
| 主な事業所 | ディズニーアンバサダーホテル、東京ディズニーシー・ホテルミラコスタ、東京ディズニーランドホテル、東京ディズニーリゾート・トイ・ストーリーホテル、東京ディズニーシー・ファンタジースプリングスホテル |
| 子会社、関連会社 | 株式会社 ブライトンコーポレーション |

出所：公開資料をもとに筆者作成

## ▶ ミリアルリゾートホテルズ運営ホテル

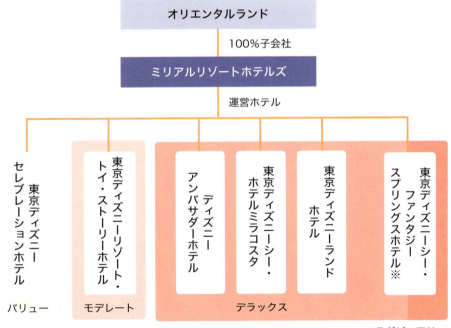

※「ファンタジーシャトー」はデラックス、「グランドシャトー」はラグジュアリータイプ
出所：オリエンタルランド会社概要をもとに作成

Chapter5
12

国内ホテルチェーン⑫

# 星野リゾート
# 軽井沢から日本全国、世界へ

星野リゾートは軽井沢の温泉旅館から始まりましたが、施設を所有せず、オペレーターに特化して運営施設を増やしてきました。ラグジュアリーブランド「星のや」など5つのサブブランドを展開しています。

## 星野リゾートの歴史とサブブランド戦略

星野リゾートの歴史は、軽井沢で泉源を掘り当てた星野国次によって1914年に開業された「星野温泉旅館」に始まります。その後、代々星野家が経営した旅館を、1991年に引き継いだのが現代表の星野佳路氏です。星野氏は、社長になってすぐに資産を所有しないオペレーターを目指すことを発表しました。

2001年にリゾナーレ八ヶ岳（経営破綻したマイカルが「リゾナーレ・ビブレクラブ小淵沢」として開業）の運営を引き受け、黒字化に成功すると、全国のリゾート地から再生案件が舞い込むようになりました。

2005年、実家の旅館を「星のや軽井沢」としてリニューアルし、2013年に設立した星野リゾート・リート投資法人に売却して、オペレーションへの特化を実現します。2011年からは温泉旅館「界」、リゾートブランド「リゾナーレ」の展開を開始しました。2018年に都市型観光ホテル「OMO」、2019年にカジュアルブランド「BEB」を開始し、5つのブランドによるサブブランド戦略をとっています。

## 地域活性化への取り組みと将来の計画

同社は、2016年には「星のや東京」を開業して、東京進出を果たしました。さらに、2017年にはバリ島に「星のやバリ」を開業しました。一方で、山口県長門市から、温泉街全体の活性化への協力を要請され、「長門湯本温泉マスタープラン」を策定するなど、地域全体の再生にも取り組んでいます。開業110年を迎え、同社は国内67施設、海外5施設を運営しています（2024年9月時点）。将来は、北米に日本旅館を出店することを目指しています。

**サブブランド戦略**
企業の主要なブランド名（親ブランド）のもとに、異なる市場や顧客セグメントに向けて新しいブランドを立ち上げる戦略。親ブランドの知名度やイメージが、他製品やサービスにも影響を与える。

120

## ▶ 星野リゾートの基本情報

| 社名 | 株式会社星野リゾート（Hoshino Resorts Inc.） |
|---|---|
| 事業内容 | リゾート・温泉旅館運営、ブライダル、別荘マネジメント、エコツーリズム、スキー場運営 |
| 売上高（連結） | 非公開 |
| 従業員数（連結） | 非公開 |
| 資本金 | 10百万円 |
| 主要株主 | 星野リゾートホールディングス（100%） |
| 主な事業所 | 星のや東京、星のや富士、星のや軽井沢、星のや京都　ほか |
| 子会社、関連会社 | 株式会社星野リゾート・アセットマネジメント |

出所：公開資料をもとに筆者作成

## ▶ 星野リゾートのビジネスモデル

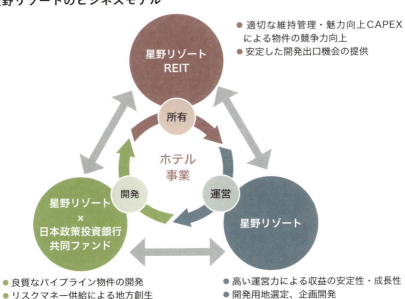

出所：星野リゾート・リート投資法人Webサイトの情報をもとに作成

第5章　ホテル業界の業界地図（国内ホテル）

## Chapter5 13

国内ホテルチェーン⑬

# アパホテル
# 逆張りの経営とキャッシュバック

アパホテルはキャッシュバックシステムによってビジネス客の支持を集め、急速に拡大しました。地価が暴落するタイミングで不動産を購入する逆張りの経営によって、都内などに所有直営ホテルを増やしました。

### アパホテルの誕生と拡大

アパ株式会社の前身となる信金開発株式会社は、1971年に石川県で注文住宅販売を開始しました。マンション事業で得た売却益を、ホテルの減価償却により利益を圧縮し税金を節約するために、1984年にアパホテル〈金沢片町〉を開業し、ホテル事業に参入しました。ビジネス出張客を引き付けるため、開業当初から5万円分宿泊すれば、会員には現金で5千円キャッシュバックするというしくみを導入し、顧客の支持を獲得します。2020年5月時点でアパホテルの累計会員数は1,900万人に上ります。1号店の成功を受けて、北陸一円にホテル網を広げました。

2007年、アパホテルやマンションに対する耐震偽装が取りざたされ、金融機関から借入金返済を迫られたため、一部の資産を売却しました。その後リーマンショックで不動産価格が下落したため、2010年から千代田区、中央区、港区、渋谷区、新宿区で次々と不動産を買い上げ、ホテルを建設していきました。2015年には、旧ヒルトン ウッドブリッジをリニューアルして「APAHOTEL WOODBRIDGE」を開業し、海外進出を果たしました。さらに2016年、北米を中心に展開するホテルチェーン「Coast Hotels」を買収し、海外ホテルを増やしました。

### アパホテルの経営方針と今後の戦略

もともと節税対策の一環として設立されたアパホテルは、所有直営が基本です。一方で、グループホテル拡大のため、FCと業務提携ホテルを増やしています。アパ直会員による送客力が武器です。1号店オープンのときから導入している自動チェックイン機や、エクスプレスチェックアウトボックスの導入をすすめることにより、オペレーションの効率化を図っています。

## ▶ アパグループの基本情報（2023年11月期）

| 社名 | アパグループ（APA Group） |
|---|---|
| 事業内容 | 注文住宅、戸建分譲、マンション分譲、ホテル事業、総合都市開発 |
| 売上高（連結） | 191,227百万円 |
| 従業員数（連結） | 非公開 |
| 資本金 | 非公開 |
| 主要株主 | 非公開 |
| 主な事業所 | アパホテル＆リゾート〈東京ベイ幕張〉、アパホテル〈新宿 歌舞伎町タワー〉、アパホテル＆リゾート〈横浜ベイタワー〉 ほか |
| 子会社、関連会社 | アパホールディングス株式会社、アパホテル株式会社　ほか |

出所：公開資料をもとに筆者作成

## ▶ フランチャイズとアパ直参画ホテルの違い

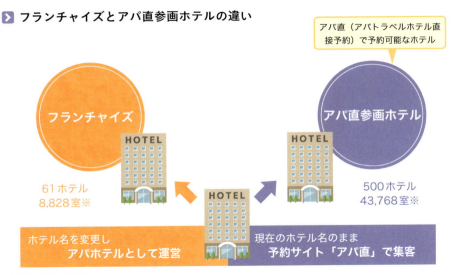

※2024年9月時点
出所：アパホテルグループWebサイトの情報をもとに作成

---

### 👉 ONE POINT

### アパ社長カレー

派手な帽子をかぶったアパホテルの社長は、「広告塔」を自認して、さまざまなメディアや広告に出演しています。2011年には、パッケージに社長の顔写真を載せた「アパ社長カレー」を発売し、ロングセラーとなっています。強烈なインパクトを与えるビジュアルとネーミングによって、消費者の注意を引き付ける戦略といえるでしょう。

Chapter5
14

国内ホテルチェーン⑭

# ルートインジャパン
# ロードサイドの宿泊特化型ホテル

ルートインは、幹線道路のロードサイドを中心に、建設業のノウハウを活かしてホテルを建設することによって低価格を実現し、店舗を拡大しました。無料朝食や大浴場の設置によって顧客満足を高める工夫をしています。

## ルートインの拡大を支えた経営戦略

　1975年に永山建設株式会社を設立した永山勝利氏は、1985年に長野県の上田市に「上田ロイヤルホテル」を開業して、ホテル業に参入しました。建設業のノウハウを活かして、設計を自社で行い、建設資材も安価に仕入れることによって、建設コストを抑えることができました。ビジネスホテルよりも低価格で、朝食を無料で提供することにより、顧客の支持を得ました。その後は「ホテルルートイン」として、幹線道路のロードサイドを中心に出店を増やしました。土地オーナーに建設費を負担してもらい、固定賃料を支払う形態をとりました。2000年代後半以後は、自己資本と借入による自社所有物件を増やしています。

　車で移動する営業職をターゲットにするため、無料の駐車場を併設し、無料朝食に加えて大浴場（一部店舗を除く）を設置して、顧客満足を高める工夫をしています。

## ルートインのブランド展開と今後の事業計画

　現在、「ルートイン」を主力として、ワンランク上の「ルートイングランティア」、宴会場も備えるコミュニティホテルの「アークホテル」、リゾートの「グランヴィリオホテル」ブランドを展開しています。

　同社の企業理念は「独自の道を開拓し、社会に貢献し必要とされる企業を目指す」ことであり、高齢者福祉施設・認定こども園など児童福祉施設の運営のほか、「長野県飛び立て若者！奨学金」「こどもサポートプロジェクト」などの支援を行っています。

　今後の事業計画として、2025年までに500店舗に拡大することを目標としています。

124

### ▶ ルートインジャパン株式会社の基本情報（2024年3月期）

| 社名 | ルートインジャパン株式会社（Route Inn Japan co., Ltd.） |
|---|---|
| 事業内容 | ルートインホテルズの運営・管理・企画、及び旅行企画 |
| 売上高（連結） | 163,974百万円 |
| 従業員数（連結） | 20,211名（2024年7月1日時点） |
| 資本金 | 非公開 |
| 主要株主 | 非公表 |
| 主な事業所 | 上田、品川大井町　ほか |
| 子会社、関連会社 | ルートイン開発株式会社、株式会社アークホテル　ほか |

出所：公開資料をもとに筆者作成

第5章　ホテル業界の業界地図（国内ホテル）

ONE POINT

## リース方式から所有直営方式への転換

2000年代後半以後、ルートインがリース方式から所有直営方式に転換を図っている背景には、低金利の定着があります。低金利で融資を受けて自社で物件を所有することができれば、オーナーに賃借料を支払うことなく、減価償却費を計上することによって節税対策となり、キャッシュの手残りが増え、次なる成長投資に資金を振り向けることが可能になるのです。

Chapter5
15

国内ホテルチェーン⑮

# 東横イン
# コストの削減による低価格の実現

東横インは、建設業のノウハウによって初期投資を抑え、低価格ながら女性支配人による家庭的なサービスを提供して、ビジネス客から絶大な支持を集めました。その店舗網は韓国、ドイツ、フランスなどにも広がっています。

## 東横インの低価格を実現するローコスト経営

　電気工事会社の社長であった西田憲正氏は、友人から土地の活用方法の相談を受け、1986年に「東横INN蒲田1」をオープンしました。建設業のノウハウによって建設費用を抑え、ホテル内にレストランを設置せず、できるだけ多くの客室を配置することによってレンタブル比を向上させて、1泊4500円という衝撃的な価格で人気を集めました（その後料金を改定）。

　その後は「駅前旅館の鉄筋版」をコンセプトに、駅前などの好立地を所有するオーナーが建築コストを負担してホテルを建設し、東横インが30年間の固定賃料を支払うビジネスモデルで、急速に店舗網を拡大していきました。客室の仕様を均質化することによって建設コストは抑えながら、支配人は業界経験者ではなく、地元の主婦などの女性を中心に任用して、家庭的なサービスの提供を目指しました。朝食の提供も、当初は支配人らが手作りするおにぎりや味噌汁などでした。基本的に客室価格は大きく変動させず、値ごろ感を維持しています。また、会員制度として「東横INNクラブ」（旧称「4&5クラブ」）を開始し、割安な会員価格を設定して、直接予約を増やし、旅行代理店からの送客に依存しない方針をとっています。

## 東横インの海外出店戦略

　2024年9月時点で、同社は国内338店舗、海外17店舗を展開しています。とくに韓国に13店舗を出店しているのは、日本人の出張利用と韓国人の利用に加えて、韓国における同社の認知や会員を増やすことによって、韓国からの訪日客を囲い込む目的があります。また、将来日本での就労を目指す人々に、日系ホテルで働く機会を提供することにもつながっているのです。

**レンタブル比**
建築の延床面積に占める営業床面積の比率。

126

## ▶ 東横インの基本情報（2024年3月期）

| 社名 | 株式会社 東横イン（TOYOKO INN Co., Ltd.） |
|---|---|
| 事業内容 | ホテル事業 |
| 売上高（連結） | 122,800百万円 |
| 従業員数（連結） | 17,650人（パートタイム従業員含む） |
| 資本金 | 50百万円 |
| 主要株主 | 非公開 |
| 主な事業所 | 東横INN蒲田1、釜山中央駅、フランクフルト中央駅前、マルセイユ サン シャルル駅前 |
| 子会社、関連会社 | 株式会社 東横インホテル企画開発、株式会社 東横イン電建　ほか |

出所：公開資料をもとに筆者作成

第5章　ホテル業界の業界地図（国内ホテル）

 ONE POINT

## コロナ禍への対応

東横インでは、新型コロナウイルス感染が拡大する中、国や自治体の要請を受けて、海外からの入国者・帰国者の一時的な待機・滞在施設、新型コロナウイルス軽症者の宿泊療養施設として受け入れを行い、地元の医療従事者にも宿泊施設を提供しました。2020年3月から2023年5月までの間に延べ99店舗、1,342万室以上を貸し出し、社会インフラとしての役割を果たしました。

Chapter5
16

国内ホテルチェーン⑯

# 共立メンテナンス
# ドーミーインとリゾートを運営

共立メンテナンスは、給食事業と寮事業を手がけた後、リゾートホテルとビ
ジネスホテルの運営を開始しました。寮事業のノウハウを活かした快適性と、
こだわりの大浴場や「夜鳴きそば」などのサービスが支持を集めています。

## 寮のノウハウを活かしたドーミーイン

　共立メンテナンスは1979年に設立され、受託給食事業を開始しました。その後、学生寮と社員寮「ドーミー」の運営を手掛けます。1993年にリゾートホテル「ドーミー倶楽部軽井沢」の営業を開始し、また埼玉県にビジネスホテル「ドーミーインEXPRESS草加City」（2021年12月閉館）をオープンしました。2024年3月時点で、ドーミーインは国内94店舗、海外1店舗（韓国）、リゾートは国内42カ所で運営されています。

　ドーミーインの名の由来は、dormitory（寮）とinn（宿）の合成語です。同社の寮事業のノウハウを活かして、我が家のような寛ぎと快適性を目指し、朝食のほか、ウェルカムドリンクや夜食として「夜鳴きそば」（ラーメン）が提供されます。また大浴場や露天風呂も設置されており、コインランドリーやマッサージ機も無料で使用できます（一部店舗を除く）。スタンダードの「ドーミーイン」のほかに、ワンランク上の「ドーミーインPREMIUM」、気軽に利用できる「ドーミーインEXPRESS」、カプセルタイプの「ドーミーイン Grobal cabin」、温泉旅館のような「御宿 野乃」ブランドがあります。

## ドーミーインの経営形態と今後の戦略

　共立メンテナンスの寮やホテル事業は、オーナーから土地・建物を長期間借り受け、賃借料を支払うリース方式が基本です。立地特性などに合わせて、オーナーに最適な活用方法を提案し、共立メンテナンスが運用するビジネスモデルです。2023年に発表された中期経営計画では、「御宿 野乃」と「EXPRESS」を中心に出店をすすめ、2030年までに総客室数2万室を目指すとしています。

### ▶ 共立メンテナンスの基本情報（2024年3月期）

| | |
|---|---|
| 社名 | 株式会社共立メンテナンス（KYORITSU MAINTENANCE CO.,LTD.） |
| 事業内容 | 寮事業、ホテル事業、総合ビルマネジメント事業、フーズ事業、デベロップメント事業 他 |
| 売上高（連結） | 204,126百万円（うちホテル事業　125,570百万円） |
| 従業員数（連結） | 5,939人（うちホテル事業　1,933人） |
| 資本金 | 7,964百万円 |
| 主要株主 | 株式会社マイルストーン（10.87％）、日本マスタートラスト信託銀行㈱（8.73％） |
| 主な事業所 | ドーミー倶楽部軽井沢、ドーミーインPREMIUM銀座、ザ・ビーチタワー沖縄、ドーミーイン プレミアムソウル カロスキル　ほか |
| 子会社、関連会社 | 株式会社共立エステート、株式会社ビルネット、株式会社共立フーズマネジメント、株式会社韓国共立メンテナンス　他 |

出所：公開資料をもとに筆者作成

### ▶ 共立メンテナンスのセグメント構成比（2024年3月期）

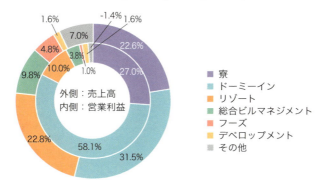

### ▶ 共立メンテナンスドーミーイン事業：客室稼働率および客室単価の推移

出所：2024年3月期決算報告書をもとに作成

## COLUMN 5

# サービス・プロフィット・チェーンとワーク・エンゲージメント

### 外資系ホテルの総支配人の評価

外資系ホテルチェーンの総支配人のパフォーマンスは、従業員満足度、顧客満足度、営業利益（GOP）の3つの指標によって評価されます。

これらの指標は、ハーバード大学のヘスケット教授らによって提唱されたサービス・プロフィット・チェーン理論（以下SPC）に基づいています。SPCは、社内のサービス品質を向上させることによって従業員満足が向上し、従業員の離職を減らすとともに生産性を高めることができるモデルです。また、顧客に対してよいサービスを提供でき、顧客満足度が高まってロイヤルティにつながり、収益が成長できます。短期的な収益だけを追うのではなく、従業員の満足度を高めてこそ、よいサービスが提供され、顧客も満足すれば、結果的に利益もついてくる、というわけです。

SPCでは、従業員の満足度を高める社内のサービス品質を向上する要因として、職場環境や仕事内容の設計、適切な採用と教育、報奨などがあげられています。その後の研究では、従業員の満足度を高めることが必ずしもよいサービスにつながらないのではないか、といった批判もあります。

### ワーク・エンゲージメントの重要性

ワーク・エンゲージメントは、ユトレヒト大学のシャウフェリ教授らによって提唱された概念で、活力、熱意、没頭を特徴とする、前向きで充実した仕事関連の心の状態と定義されます。米国のホテルで、社内トレーニングや技術的サポート等が提供されると、従業員のワーク・エンゲージメントが高まり、よいサービスが提供され、顧客ロイヤルティが高まった、という研究もあります。またワーク・エンゲージメントは同僚のサポートによっても高まることが分かっています。

今後、とくにラグジュアリーホテルやリゾートホテルにおいて、ホテリエによる臨機応変なサービスへの要求が高まれば、個々のスタッフのワーク・エンゲージメントを高めることが重要な課題となるでしょう。

第 **6** 章

# ホテル業界の業界地図（インターナショナル）

インターナショナルホテルチェーンには、30以上の
ホテルブランドを有するマリオット・インターナショ
ナルや、100年以上続くヒルトン・ワールドワイド
など、巨大な企業が存在します。代表的なインターナ
ショナルホテルチェーンのビジネスを概観しましょう。

**Chapter6 01**

インターナショナルホテルチェーン①

# 世界最大のホテルチェーン マリオット・インターナショナル

マリオット・インターナショナルは1957年からホテル事業に進出した後、土地・建物の保有とオペレーションを分離しました。競合他社を買収することによって店舗数を増やし、世界最大のホテルチェーンとなりました。

## マリオット・インターナショナルの誕生と拡大

マリオット・インターナショナルは、32ブランド、8,785ホテル、1,597,380室（2023年末）の規模を誇る世界最大のホテルチェーン企業です。

1900年にユタ州の開拓農園に生まれ、敬虔なモルモン教徒であったジョン・ウィラード・マリオットは、1927年、ワシントンD.C.でA&Wルートビアスタンド「Hot Shoppes」を開業しました。ドライブイン事業や機内食サービス事業などを展開した後、息子のJ.W.マリオットJr.をリーダーとして、ホテル事業への進出を図り、1957年、初のホテルとなるツインブリッジ・モーターホテルを開業します。1969年にはメキシコに出店し、海外進出を開始しました。1983年、ビジネストラベラー向けのホテルとして、コートヤード・バイ・マリオットを出店します。翌年の1984年には、ワシントンD.C.にJWマリオットを出店、1987年にはフェアフィールド・インを開業するとともに、レジデンス・インを買収し、様々なブランドを擁するブランドポートフォリオを形成していきました。

**ブランドポートフォリオ**
ひとつの企業が複数のブランドを展開すること。マリオット・インターナショナルのブランドポートフォリオはP.189参照。

## 資産の分離とオペレーション特化

1990年代に入ると湾岸戦争によって不動産価格が下落して、マリオットの株価は急落しました。そこで1993年に会社分割に踏み切り、ホテル資産と長期債務を保有する「ホストマリオット」と、ホテルのオペレーションに特化した「マリオット・インターナショナル」が設立されました。その後もリッツ・カールトン・ホテル・カンパニーやルネッサンス・ホテルグループ、デルタ・ホテル・アンド・リゾート、スターウッド・ホテルズ＆リゾーツを買収し、世界最大のホテルチェーン企業が誕生しました。

132

## ▶ マリオット・インターナショナルの基本情報（2023年12月期）

| 社名 | MARRIOTT INTERNATIONAL, INC. |
|---|---|
| 本店所在地 | USA (Maryland) |
| ブランド数 | 32 |
| ホテル数 | 8,785軒 |
| 客室数 | 1,597,380室 |
| 展開する国の数 | 141ヵ国 |
| メンバーシップ | Marriott Bonvoy |
| 会員数 | 196百万人 |
| 売上高（$m） | 23,713百万ドル |
| 従業員数（連結） | 411,000人 |

出所：公開資料をもとに筆者作成

## ▶ マリオット・インターナショナルが運営するホテル

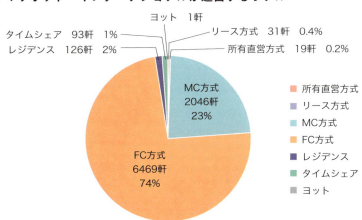

出所：公開資料をもとに筆者作成

### 🔖 ONE POINT

## レジデンス・タイムシェア・ヨット

ホテルチェーンが運営するレジデンスは、長期滞在を前提とした賃貸住宅です。ホテルと同様に、コンシェルジュのサービスなどを利用することができます。タイムシェアは、リゾート地や高級ホテルの部屋を複数のオーナーが1週間単位で購入し、共有するシステムです。マリオットではこのほかに、ヨット事業も手掛けています。ラグジュアリーホテルのサービスを、海上で提供しています。

Chapter6
02

インターナショナルホテルチェーン②
# ホテル王が創った100年企業
# ヒルトン

コンラッド・ヒルトンは、ホテル経営に管理会計やフォーキャストを導入して、ホテル経営の近代化に貢献しました。経営形態はFC、MCが中心であり、事業リスクを負わないビジネスモデルをとっています。

## ホテル王、コンラッド・ヒルトンの登場

　コンラッド・N・ヒルトンは、1919年にテキサス州シスコで最初のホテルを買収しました。その後も次々にホテルを増やし、ついにウォルドルフ・アストリアホテルやスタットラーホテルを手中に収め、ホテル王と呼ばれました。コンラッドはそれまで業界で一般的だった"ドンブリ勘定"ではなく、管理会計による厳密なコストコントロールと、正確なフォーキャスト（収支見通し）を徹底し、1946年にニューヨーク証券取引所への上場を果たし、ホテル経営の近代化に貢献しました。

　1949年、初の海外進出となるカリブ・ヒルトンをプエルトリコに出店し、ヒルトン・インターナショナルを設立しました。その後もマドリード、イスタンブールなどに次々とホテルをオープンし、1963年には日本に東京ヒルトンを開業しました。米国外のヒルトンホテルを運営するヒルトン・インターナショナルは、1967年に航空会社トランスワールド航空に売却されましたが、その後アレジス・コーポレーション、英国のラドブロークス・グループに転売されました。2006年、米国ヒルトン・ホテルズ・コーポレーションがヒルトン・インターナショナルの株式を取得し、米国内外のヒルトンホテルグループは再統合されました。2019年、ヒルトンは創業100周年を迎えました。

## ヒルトンの経営形態

　ヒルトンの運営ホテルは、FC方式が約9割、MC方式が1割を占め、所有方式とリース方式は合わせて0.7％に過ぎません。基本的にはフランチャイズやマネジメントフィーが収入の柱であり、リスクを負担しないビジネスモデルを採用しています。今後もFC、MCを中心にホテル数を増やしていく方針です。

## ▶ ヒルトンの基本情報（2023年12月期）

| 社名 | Hilton Worldwide Holdings Inc. |
|---|---|
| 本店所在地 | USA (Virginia) |
| ブランド数 | 22 |
| ホテル数 | 7,530軒 |
| 客室数 | 1,182,937室 |
| 展開する国の数 | 126ヵ国 |
| メンバーシップ | Hilton Honors |
| 会員数 | 180百万人 |
| 売上高（$m） | 10,235百万ドル |
| 従業員数（連結） | 178,000人 |

出所：公開資料をもとに筆者作成

## ▶ ヒルトンが運営するホテルの経営形態

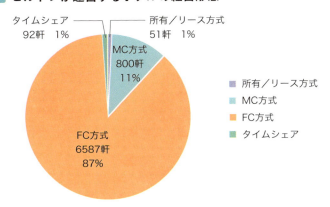

|  | ホテル数 | 客室数 | 構成比 |
|---|---|---|---|
| 所有／リース方式 | 51軒 | 17,491室 | 0.7% |
| MC方式 | 800軒 | 250,472室 | 10.6% |
| FC方式 | 6,587軒 | 898,865室 | 87.5% |
| タイムシェア | 92軒 | 16,109室 | 1.2% |
| 合計 | 7,530軒 | 1,182,937室 | 100.0% |

出所：公開資料をもとに筆者作成

第6章　ホテル業界の業界地図（インターナショナル）

**Chapter6**
**03**

インターナショナルホテルチェーン③

# デザインにこだわるホテルチェーン ハイアットホテルズ&リゾーツ

ハイアットホテルズ&リゾーツは、ハイアットリージェンシーやアンダーズなど多様なホテルブランドを所有しています。2021年にアップルレジャーグループを買収し、今後もホテル網を拡大していく予定です。

## エアポートホテルからブランドポートフォリオを拡張

　1957年、ジェイ・プリツカーはロサンゼルス国際空港近くのモーテル「ハイアットハウス」を購入して、ホテルビジネスに参入しました。航空輸送の成長を予測したプリツカーは、サンフランシスコやシアトル国際空港付近にもホテルを開業していきました。同社は1962年に上場して資金を調達すると、1967年にアトランタに「ハイアットリージェンシー」を開業しました。このホテルは22階建の吹き抜け構造（アトリウム）になっており、話題となりました。1969年には香港にハイアットリージェンシーを開業し、海外進出を果たしました。

　1980年、「グランドハイアット・ニューヨーク」と「パークハイアット・シカゴ」を開業し、ハイアットを代表するブランドとなりました。2006年に長期滞在向けの「ハイアットプレイス」、2007年にはライフスタイルブランドの「アンダーズ」を開業し、ブランドポートフォリオを多様化していきました。その後、オールインクルーシブブランドの「ジーヴァ」「ジラーラ」を導入しました。さらに、2016年以後はソフトブランド「アンバウンドコレクション」を開始して、ホテル網を拡大させています。2021年には、アップルレジャーグループを買収し、新たに100軒以上のホテルを傘下に収めました。

**オールインクルーシブ**
ホテル施設内の食事や飲み物、アクティビティなどの料金がすべて宿泊料金に含まれていること。

## ハイアットの経営形態

　ハイアットの経営形態は、MC方式が約4割、FC方式が約5割を占めています。ブランド別では、ハイアットリージェンシーが全施設の約3割、ハイアットプレイスが約2割を占めています。

## ▶ ハイアットホテルズ＆リゾーツの基本情報

| 社名 | HYATT HOTELS CORPORATION |
|---|---|
| 本店所在地 | USA（Chicago） |
| ブランド数 | 29 |
| ホテル数 | 1,335軒 |
| 客室数 | 322,141室 |
| 展開する国の数 | 77ヵ国 |
| メンバーシップ | World of Hyatt |
| 会員数 | 43.8百万人 |
| 売上高（$m） | 6,667百万ドル |
| 従業員数（連結） | 206,000人 |

出所：公開資料をもとに筆者作成

## ▶ ハイアットが運営するホテルの経営形態

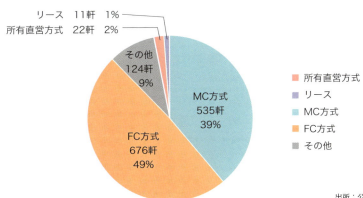

出所：公開資料をもとに筆者作成

## ▶ ハイアットのブランドポートフォリオ

| ブランドコレクション名 | 特徴 |
|---|---|
| タイムレス・コレクション<br>(Timeless Collection) | 伝統を重んじ、家のようなくつろぎがありながらも1つ上の体験を提供 |
| バウンドレス・コレクション<br>(Boundless Collection) | その土地の文化を色濃く反映したホテル群 |
| インディペンデント・コレクション<br>(Independent Collection) | 独立系ホテルブランドが集まり、唯一無二の旅行体験ができる |
| インクルーシブ・コレクション<br>(Inclusive Collection) | オールインクルーシブ |

インターナショナルホテルチェーン④

**Chapter6**
**04**

# 英国拠点のホテルチェーン
# IHGホテルズ&リゾーツ

IHGホテルズ&リゾーツの歴史は、ビールメーカーから始まりました。その後、ホリデイ・インやインターコンチネンタルホテルズを買収して、さまざまなタイプのブランドを有するグローバルオペレーターに成長しました。

## ビールメーカーからホスピタリティ企業へ

IHGホテルズの母体となった会社は、英国で1777年にウィリアム・バスによって創業されたビールメーカーです。以来、ビールの醸造とパブの経営を行っていましたが、1988年に「ホリデイ・イン」を買収し、1998年には「インターコンチネンタルホテルズ」を買収することにより、ホテル事業にシフトしてゆきました。

「インターコンチネンタルホテルズ」は、米国の航空会社、パンアメリカン航空の経営者であったファン・トリップによって設立されました。1949年、1号店をブラジルに開業後、航空路線の展開に合わせて次々とホテルが建設されていきました。しかし、親会社のパンナム航空の経営が悪化して、1991年に会社更生法を申請するとホテル事業は売却され、バスによって買収されました。

その後、バスは2000年にビール部門をインターブリュー社に売却し、「サザン・パシフィック・ホテルズ」と「ブリストル・ホテルズ」を相次いで買収し、巨大ホスピタリティ企業となりました。2003年にはホテル事業と飲料事業を分割し、ホテル事業会社を独立させました。2015年にはライフスタイルホテルの「キンプトン・ホテルズ&レストラン」、2019年にはラグジュアリーブランドの「シックスセンシズホテルズ」を買収しました。

## IHGの経営形態

IHGが運営するホテルのうちFC方式が84%、MCが15%を占めています。近年、ライフスタイルやラグジュアリーブランドを取得していることから、今後も積極的なホテル展開が見込まれます。

---

**ホリデイ・イン**
1952年、モータリゼーションが進行していった米国で、ファミリーが安心して宿泊できるモーターホテル（モーテル）を作りたいと考えたケモンズ・ウィルソンによって設立。1号店がメンフィスに開業されて以来、ロードサイドを中心に出店を進めた。

138

## ▶ IHGホテルズ＆リゾーツの基本情報（2023年12月期）

| 社名 | InterContinental Hotels Group PLC |
|---|---|
| 本店所在地 | UK（Windsor） |
| ブランド数 | 19 |
| ホテル数 | 6,363軒 |
| 客室数 | 946,203室 |
| 展開する国の数 | 100ヵ国 |
| メンバーシップ | IHG One Rewards |
| 会員数 | 130百万人 |
| 売上高（$m） | 4,624百万ドル |
| 従業員数（連結） | 375,000人 |

出所：公開資料をもとに筆者作成

## ▶ IHGホテルズ＆リゾーツが運営するホテルの経営形態

|  | ホテル数 | 客室数 | 構成比 |
|---|---|---|---|
| FC方式 | 5,356軒 | 680,601室 | 84.2% |
| MC方式 | 990軒 | 261,371室 | 15.6% |
| 所有/リース方式 | 17軒 | 4,231室 | 0.3% |
| 合計 | 6,363軒 | 946,203室 | 100.0% |

出所：公開資料をもとに筆者作成

Chapter6
05

インターナショナルホテルチェーン⑤

# フランス発の巨大ホテルチェーン
# アコーグループ

アコー（Accor S.A.）は、フランスでモーテルとして開業した「ノボテル」
に始まり、ヨーロッパ、アジア・パシフィックに多くのホテルを展開してい
ます。ラグジュアリーからバジェットタイプまでを網羅しています。

## モーテルから巨大ホスピタリティ企業へ

　1967年、ポール・デュブルールとジェラール・ペリソンは、
米国でモーテルとして開発された「ホリデイ・イン」のモデルを
適用して、フランスのリールに最初の「ノボテル」をオープンし
ました。各客室にバスルームを備え、ルームサービス、スイミン
グプールなどを提供するスタイルが人気を集め、フランス各地に
展開していきました。1974年、ボルドーに最初の「イビスホテル」
を開業して、低価格のバジェットホテル市場を開拓しました。
1975年、メルキュールを買収して、ミッドスケールホテルのシ
ェアを広げました。1980年、ソフィテルを買収して、ラグジュ
アリー市場に参入しました。さらに1983年、パリ証券取引所に
上場し、1984年には中国の北京に初のノボテルを開業しました。
1990年には、米国の「Motel 6」を買収して、低価格のモーテル
チェーンを拡大します。2016年、フェアモント、ラッフルズ、
スイスホテルを運営するFRHIホテルズ＆リゾーツを買収して、
ラグジュアリーブランドを強化しました。

## アコーの展開戦略と経営形態

　フランス発祥のアコーは、全施設の56％がヨーロッパに展開
されています。また、いち早く中国市場に進出した経緯もあり、
アジア・アフリカ地区合計で34％の施設があります。一方、ア
メリカには13％しか展開していません。他のグローバルチェー
ンは米国に強いことから、棲み分けができていると言えるでしょ
う。日本では2024年4月、「ダイワロイネットホテルズ」を「グ
ランドメルキュール」「メルキュール」にリブランドする形で、
23軒を一斉に開業しました。

140

## ▶ アコーグループの基本情報（2023年12月期）

| 社名 | Accor S.A. |
|---|---|
| 本店所在地 | France（Issy-les-Moulineaux） |
| ブランド数 | 45 |
| ホテル数 | 5,584軒 |
| 客室数 | 821,518室 |
| 展開する国の数 | 110ヵ国 |
| メンバーシップ | ALL - Accor Live Limitless |
| 会員数 | 68百万人 |
| 売上高（€m） | 5,056百万ユーロ |
| 従業員数（連結） | 330,000人 |

出所：公開資料をもとに筆者作成

## ▶ 運営するホテルの経営形態

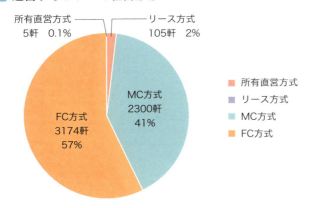

| | ホテル数 | 客室数 | 構成比 |
|---|---|---|---|
| 所有直営方式 | 5軒 | 731室 | 0.1% |
| リース方式 | 105軒 | 20,837室 | 1.9% |
| MC方式 | 2,300軒 | 449,180室 | 41.2% |
| FC方式 | 3,174軒 | 350,770室 | 56.8% |
| 合計 | 5,584軒 | 821,518室 | 100.0% |

出所：公開資料をもとに筆者作成

Chapter6
06

インターナショナルホテルチェーン⑥

# アジア発の最高級ホテルチェーン
# マンダリン・オリエンタルホテル

香港発祥のザ・マンダリンと、タイ発祥のザ・オリエンタルが統合され、マンダリン・オリエンタルホテル（Mandarin Oriental Hotel Group）が誕生しました。ラグジュアリーホテルチェーンとして高い評価を得ています。

## 香港とバンコクの名門ホテルの合体

　1963年、香港の大手総合商社ジャーディン・マセソンのヘンリー・ケズウィック会長は、香港のセントラルに「The Mandarin」（現マンダリン・オリエンタル香港）を開業しました。その後、1974年にタイのバンコクにある有名ホテル、「ザ・オリエンタル・バンコク」（現マンダリン・オリエンタル・バンコク）を買収し、1985年にマンダリン・オリエンタルホテルグループ（文華東方酒店）となりました。

　1987年にサンフランシスコにホテルを開業して米国に進出し、また1996年にはロンドンのハイドパークに面したホテルを買収してマンダリン・オリエンタルとしてリニューアルすることにより、英国にも進出しました。2005年には日本橋にマンダリン・オリエンタル東京を開業しました。2027年には、高松に国内2号店となるホテルを出店する予定です。

## マンダリン・オリエンタルの展開戦略と経営形態

　2023年12月時点で、同社は26の国と地域で38ホテルと、レジデンス（9施設）、高級住宅（23施設）を運営しています。ホテルの経営形態は、所有またはリース方式が約3分の1を占め、その他はMC方式です。

　マンダリン・オリエンタルホテルは、ラグジュアリーブランドに特化しており、2023年にはグループ内の26ホテルがフォーブストラベルガイドで5つ星の評価を得ています。今後も世界のラグジュアリーホテルを牽引するホテルブランドとして、世界各地に店舗を広げていく計画です。

142

## ▶ マンダリン・オリエンタルホテルグループの基本情報（2023年12月期）

| 社名 | Mandarin Oriental Hotel Group |
|---|---|
| 本店所在地 | 香港 |
| ブランド数 | 1 |
| ホテル数 | 38軒 |
| 客室数 | 8,126室 |
| 展開する国の数 | 26ヵ国 |
| 売上高（$m） | 558百万ドル |
| 従業員数（連結） | 14,000人 |

出所：公開資料をもとに筆者作成

## ▶ 運営するホテルの経営形態

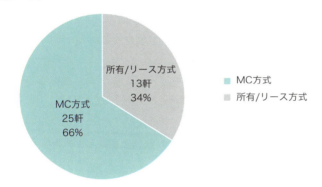

| | ホテル数 | 客室数 | 構成比 |
|---|---|---|---|
| 所有/リース方式 | 13軒 | 3,534室 | 34.2% |
| MC方式 | 25軒 | 4,592室 | 65.8% |
| 合計 | 38軒 | 8,126室 | 100.0% |

出所：公開資料をもとに筆者作成

第6章 ホテル業界の業界地図（インターナショナル）

Chapter6
07

インターナショナルホテルチェーン⑦

# カナダ発のラグジュアリーホテル フォーシーズンズ・ホテルズ

カナダ発祥のホテルブランドであるフォーシーズンズ・ホテルズ（Four Seasons Hotels and Resorts）は、中規模でラグジュアリーなホテルをコンセプトにしています。1992年に日本に初進出しました。

## カナダ発祥のラグジュアリーホテル

建築家であったイサドア・シャープは、カナダのトロントに出資者とともに土地を購入して、1961年に「フォーシーズンズ・モーター・ホテル」を開業しました。そして1970年、ロンドンにイン・オン・ザ・パーク・ホテルというラグジュアリーホテルを開業しました。以後、同社は中規模でラグジュアリーなホテルというポジショニングで、ホテルを増やしていきました。

1974年以後は、経営形態を所有直営からオペレーションへ移行しはじめ、1986年に上場を果たしました。

1992年には、リージェントホテルズ＆リゾーツを買収して拡大しましたが、1998年にカールソンに売却しました。

2007年、マイクロソフト創業者のビル・ゲイツとサウジアラビアのアル・ワリード王子が同社の株式を取得したため、非公開企業となりました。

## フォーシーズンズホテルの展開

カナダ発祥のフォーシーズンズのホテル展開は、北米に39％、アジア・パシフィックに26％中東に17％ヨーロッパに15％となっています。

その他にも、プライベートジェットやクルーズ事業も手がけており、ラグジュアリーな体験を提供しています。

日本では、1992年に藤田観光と提携して「フォーシーズンズホテル椿山荘東京」を開業しましたが、2012年に契約期間が終了しました。その後、2002年に東京駅の近くに「フォーシーズンズホテル丸の内東京」、2016年に京都、2020年に東京大手町、2024年には大阪にも開業しています。

144

## ▶ フォーシーズンズの基本情報（2023年12月期）

| 社名 | Four Seasons Hotels and Resorts |
|---|---|
| 本店所在地 | Canada（Ontario） |
| ブランド数 | 1 |
| ホテル数 | 128軒 |
| 展開する国の数 | 47カ国 |
| 売上高（$m） | 非公開 |
| 従業員数（連結） | 53,347 |

出所：公開資料をもとに筆者作成

## ▶ フォーシーズンズホテル東京大手町

写真提供：フォーシーズンズホテル東京大手町

フォーシーズンズホテル丸の内東京、京都、東京大手町は、いずれも2024年にフォーブストラベルガイドで4スターを獲得しました。

インターナショナルホテルチェーン⑧

# アジア発のラグジュアリーブランド ペニンシュラとシャングリ・ラ

ペニンシュラは香港、シャングリ・ラはシンガポール発祥のラグジュアリーブランドです。アジアから欧米、そして日本にも展開し、高い評価を受けています。両社ともに経営形態は所有直営が中心です。

## 香港の名門ホテル、ペニンシュラ

1928年、香港＆上海ホテルズの創業者であるエリス・カドゥーリーによって、「ザ・ペニンシュラ」が開業されました。当時、香港はイギリス領であり、コロニアル様式の建築でした。

**コロニアル様式**
植民地時代の建築。入植者が出身国の建築様式と現地のデザイン特性を組み合わせたハイブリッド建築様式。

第二次世界大戦中に、同ホテルは日本軍により接収され、1942年「東亜ホテル」と改名しましたが、終戦後は返還されました。1973年、ペニンシュラグループが設立され、マニラとバンコクにホテルが開業します。また、1988年にはニューヨークにも進出を果たしました。日本では、2007年に日比谷に「ザ・ペニンシュラ東京」がオープンしました。

ペニンシュラホテルズの親会社の「香港＆上海ホテルズ」は不動産会社であるため、基本的にホテルは所有直営方式です。

## シンガポール発祥のラグジュアリーブランド、シャングリ・ラ

1971年、中国系マレーシア人のロバート・クオック（郭鶴年）は、シンガポールに「シャングリ・ラ ホテル・シンガポール」を開業しました。1979年にShangri-La International Hotel Management Ltd.を創設し、ペナン島やフィジーにもラグジュアリーホテルを開業しました。2000年代に入ると、オーストラリア、カナダなどにも次々と進出し、2009年には東京駅のそばに「シャングリ・ラ ホテル東京」をオープンしました。

ホテルの経営形態としては、約8割が所有またはリース方式で、残りはMC方式です。ラグジュアリーブランドの「シャングリ・ラ」のほかに、ビジネス客向けの「トレーダースホテル」、ライフスタイルブランドの「ケリーホテル」、若者向けのブランド「ホテルジェン」を展開しています。

## ▶ ペニンシュラホテルズの基本情報と運営するホテルの経営形態（2023年12月期）

| 社名 | Hongkong and Shanghai Hotels Limited.（香港上海大酒店有限公司） |
|---|---|
| 本店所在地 | 香港 |
| ブランド数 | 1 |
| ホテル数 | 12軒 |
| 客室数 | 3,134室 |
| 展開する国の数 | 8ヵ国 |
| 売上高(HK$m) | 8,112百万ドル |
| 従業員数（連結） | 7,695人 |

出所：公開資料をもとに筆者作成

## ▶ シャングリ・ラ・ホテルズ＆リゾーツの基本情報と運営するホテルの経営形態（2023年12月期）

| 社名 | Shangri-La Asia Limited |
|---|---|
| 本店所在地 | 香港 |
| ブランド数 | 4 |
| ホテル数 | 103軒 |
| 客室数 | 41,800室 |
| 展開する国の数 | 22ヵ国 |
| メンバーシップ | Shangri-La Circle |
| 売上高（$m） | 2,142百万ドル |
| 従業員数（連結） | 43,000人 |

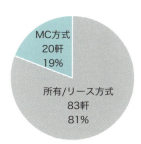

出所：公開資料をもとに筆者作成

Chapter6
09

インターナショナルホテルチェーン⑨

# タイ発祥のホテルチェーン
# センタラとデュシット

2023年、「センタラグランドホテル大阪」と「デュシタニ京都」が相次いで
オープンしました。どちらもタイ王国発祥のグローバルホテルチェーンです。
「微笑みの国、タイ」の温かいホスピタリティを売りにしています。

## センタラ ホテルズ＆リゾーツ

　2023年7月、「センタラグランドホテル大阪」が開業しました。
タイの家庭的で温かみのあるホスピタリティを打ち出し、本格的
なタイ料理やシーフード料理が楽しめるほか、タイ伝統のトリー
トメント施設も備えています。

　センタラ ホテルズ＆リゾーツは、タイで小売業、不動産開発、
食品・飲料事業などのビジネスを展開するコングロマリット、セ
ントラルグループによって、1983年に設立されました。バンコ
クで最大の「センタラグランド」など、MICE会場も備える大型
ホテルの運営を行うほか、ラグジュアリーな離島の隠れ家のよう
な「センタラリザーブ」、ファミリーで楽しめる大型リゾートや、
手頃なライフスタイル系の「COSI」まで、6ブランド、93施設
を展開しています（2024年9月時点）。

## デュシット・インターナショナル

　2023年9月、「デュシタニ京都」が西本願寺の門前町にオープ
ンしました。タイの古都アユタヤと京都の建築様式をミックスし
たデザインが特徴で、本格的なタイ料理も味わえるほか、舞妓さ
んによるお点前や組紐のワークショップなど、京都らしい体験プ
ログラムも提供されています。

　このホテルを運営するデュシット・インターナショナルは、バ
ンコクに本拠地を置き、1948年に創業されました。1970年、バ
ンコクに「天国の町」を意味する「デュシタニ」ホテルが誕生し
ました。ほかにラグジュアリーの「Dusit Devarana」や、ライフ
スタイル系の「ASAI Hotels」など、8つのブランドで、19カ国
に57ホテルを展開しています（2023年12月末時点）。

148

## ▶ センタラ ホテルズ＆リゾーツの基本情報（2023年9月時点）

| 社名 | Centara Hotels & Resorts |
|---|---|
| 本店所在地 | Bangkok, Thailand |
| ブランド数 | 6 |
| ホテル数 | 93軒 |
| メンバーシップ | CentaraThe1 |

出所：公開資料をもとに筆者作成

## ▶ デュシット・インターナショナルの基本情報（2023年12月期）

| 社名 | Dusit International<br>Dusit Thani Public Company Limited |
|---|---|
| 本店所在地 | Bangkok, Thailand. |
| ブランド数 | 8 |
| ホテル数 | 57 hotels and 243 villas |
| 客室数 | 12,575室 |
| 展開する国の数 | 19ヵ国 |
| 売上高（THB mn） | 4,390百万バーツ |

出所：公開資料をもとに筆者作成

### ▶ センタラグランドホテル大阪

写真提供：センタラ ホテルズ＆リゾーツ

### ▶ デュシタニ京都

写真提供：デュシット・インターナショナル

第6章　ホテル業界の業界地図（インターナショナル）

## COLUMN 6

# 外資系ラグジュアリーホテルが注目する Ryokanスタイル

### エイドリアン・ゼッカ

インドネシア生まれのホテリエ、エイドリアン・ゼッカは、アマンリゾートの創業者として有名です。彼は米国の大学に留学後、1950年代にジャーナリストとして東京に住み、箱根や伊豆にも足を向けていました。その後、1988年にプーケットで「アマンプリ」をオープンし、アマンリゾートとして発展させました。

日本では2014年にアマン東京、2016年にアマネム（三重県志摩市NEMU RESORT内）、2019年にアマン京都をオープンしました。アマン京都には、室内に畳や床の間など、和風の建築様式を取り入れ、さらに天然温泉の露天風呂もあります。

ゼッカは2021年、尾道市瀬戸田に旅館「Azumi Setoda」と銭湯付きの旅籠「yubune」を開業しました。「Azumi Setoda」は140年前に建てられた旧堀内邸を改装して、広々した客室と、庭園、あずまや、ダイニングを備えており、ゼッカが考える理想の旅館を具現化したものと言えるでしょう。

### ハイアットも旅館に参入

2024年、米国のハイアットホテルズコーポレーションの関連会社と株式会社Kirakuが、ラグジュアリー温泉旅館ブランド「吾汝ATONA」を立ち上げ、2026年以降に開業することを発表しました。現段階では、大分・由布、屋久島、箱根での開業を予定しています。

ATONAは客室数を抑えたスモールラグジュアリーで、旅慣れたグローバルトラベラーがターゲットです。伝統的な旅館文化の良さを存分に取り入れ、温泉を利用したウェルネス体験やアクティビティも提供されます。

グローバルホテルチェーンが、旅館に参入するというニュースはセンセーショナルですが、外国人がユニークな日本文化を体験する場として、あらためて旅館のポテンシャルが評価されていると考えられます。

今後、日本政府は全国の国立公園に高級リゾートを誘致することを発表しましたが、「ラグジュアリーな旅館」が選択肢のひとつとなるかもしれません。

# 第7章

# ホテルの職種と
# 求められるスキル

ホテルの組織は営業部門と管理部門に大別され、多様
な職種があります。職種によって働き方もさまざまで
す。この章では、各部門の仕事の内容や、ホテル業界
の働き方改革、ホテリエとしてどのようなキャリアパ
スがあるかなどを見ていきます。

Chapter7
01

ホテル業界の魅力

# 待遇改善が進むホテル業界
# ホテル業界で働く魅力

ポストコロナの今、ホテル企業各社は採用活動を強化しています。人材確保のために給与や待遇を見直す動きも加速しています。その他にもホテルならではの福利厚生や、公平な環境などの魅力があります。

## ホテル各社の待遇改善

ポストコロナ以後、ホテル企業各社は採用活動を活発化しています。2020年以後、コロナ禍の影響によって採用を縮小してきた企業にとって、退職者の補充をするとともに、需要の拡大に応えるために、人員体制の充実が急務となっているのです。

また、国内の物価上昇圧力の影響から、全産業において賃上げの動きが広がるなか、パレスホテルでは2023年4月から初任給を14％引き上げて話題となりました。他のホテル企業にも追随する動きが広がっています。年間休日数を見直す動きもでています。

## ホテル業界で働く魅力

ホテル業界ならではの福利厚生として、大規模なホテルでは従業員食堂が設置され低価格で食事ができたり、リゾートホテルでは寮費の補助があったりするなど、給与以外の部分でもさまざまな経済的インセンティブが用意されています。また、チェーン展開する企業では、系列ホテルでの宿泊やレストラン利用の割引などを受けることができます。

また、ホテル業界ではダイバーシティとインクルージョンが進んでいます。性別や国籍に関わらず活躍の場があり、平等にチャンスが与えられています。

もうひとつの魅力は、他社への転職によるステップアップという選択肢がある点です。とくに外資系ホテルチェーンではマニュアルが統一されているため、1つのホテルで仕事を習得すれば、国内外の他のホテルでも活躍できます。自らの人生設計やライフスタイルに合わせて、キャリアを構築していくことが可能です。

## ▶ ヒルトンのダイバーシティの状況（2023年）

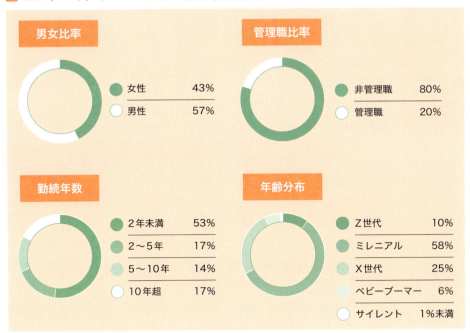

※ヒルトンが所有、経営、リースしているホテルおよびコーポレート・オフィスに勤務しているすべての従業員のデータ
出所：ヒルトン「2023年 ESG（Environmental, Social and Governance）レポート」をもとに作成

第7章　ホテルの職種と求められるスキル

---

 ONE POINT

### 働きがいランキング常連のヒルトン

米国のフォーチュン誌では、世界の企業の従業員を対象にしたアンケート調査に基づいて、「働きがいのある企業（World's Best Workplace）」のランキングを毎年発表しています。ヒルトンは2016年以来、8年連続で同ランキングのリストに掲載され続けています。ヒルトンの従業員のうち75％が「企業から公平な報酬を得て」おり、90％が「この企業は最高の職場である」と回答しています。また、同社の経営陣の42％は女性であり、「女性にとって働きがいのある企業（Fortune Best Workplaces for Women）」でも第1位にランキングされています。

153

**Chapter7**
**02**

組織構造

# ホテルの組織と職種

ホテルの組織は営業部門と管理部門から成り立っています。職種によって勤務日や時間が異なり、またシフト交代制などもあります。こうした多様性は、人生のステージに合わせた柔軟な働き方を可能にします。

## ホテルの組織

　典型的な国内ホテルの組織は、右ページの図のようになっています。経営全般を取り仕切る社長の下に、ホテルオペレーションのすべてを統括する総支配人が任命されます。総支配人を補佐する立場として、営業部門を統括する営業副総支配人と、管理部門を統括する管理副総支配人が置かれています。営業部門は、宿泊部門、食堂部門、宴会部門、調理部門、セールス＆マーケティング部門に分類されます（食堂部門と宴会部門を合わせて料飲部門と呼び、それを統括する料飲支配人が配置される場合もあります）。管理部門には、総務・人事部門、経理部門、購買部門、施設部門があります。

## 多様な職種と柔軟な働き方

　ホテルの職種は多種多様で、その働き方もさまざまです。営業部門の中でも宿泊部門は24時間営業が基本なので、シフト交代制で勤務します。食堂部門と調理部門は朝食、昼食、ディナー時間に合わせて、シフト交代制で勤務するケースがほとんどです（ルームサービスは24時間提供する場合もあります）。宴会部門は、宴会の予約があるときに勤務するため、出勤日は不定期です。

　一方、管理部門は表舞台を支える言わば「裏方」です。ホテルのバックスペースの事務所などで勤務し、多くの場合は平日の日中に働く、という役所や一般企業と同じ勤務形態です。このように部門によって多様な働き方があるので、例えば子育て中は管理部門で働くなどの柔軟な働き方も選択できます。老若男女ともに活躍しやすい環境と言えるでしょう。

### 国内ホテルの組織例

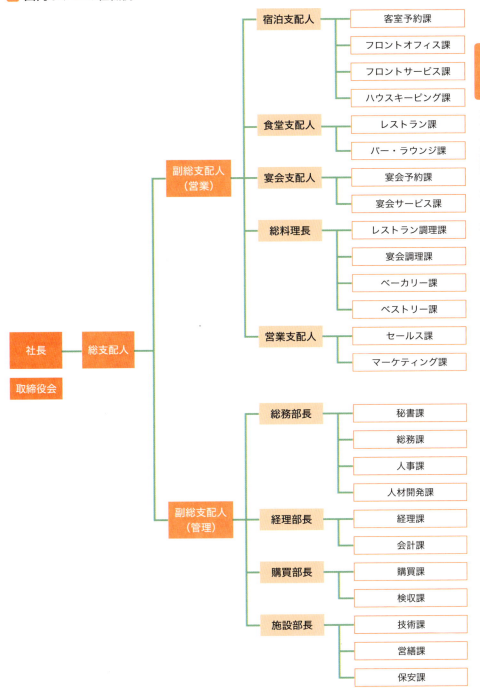

**Chapter7 03**

宿泊部門

# 宿泊するゲストにサービスを提供する宿泊部門

宿泊部門では、宿泊するゲストの到着から滞在、見送りまでを各セクションが連携してサービスを提供します。そのため、高いコミュニケーション能力と洞察力、臨機応変な対応力が要求されます。

## 宿泊部門の職種

宿泊部門は、宿泊支配人のもと、客室予約（リザベーション）、フロントオフィス（フロントレセプション）、フロントサービス、ハウスキーピング、オペレーター等のセクションによって構成され、それぞれマネージャー（もしくは課長）が任命されます。

客室予約では、電話やインターネット等を経由して入る予約を、PMSを使用してコントロールしています。またレベニュー・マネジメントによって日々の客室価格を決定します。フロントオフィスは、チェックイン・アウト等のレセプション業務、客室のアサインメント（割り当て）等の業務を行います。フロントサービスのうち、ドアマンはエントランスでゲストを出迎え、駐車場への案内やハイヤー等の手配を行います。ベルは、チェックイン・アウトの際のゲストアシストや、宅急便手配等を行います。コンシェルジュはゲストの質問や要望に応え、道案内や予約手配、店の紹介など幅広くサポートを行います。

ハウスキーピングは客室とパブリックエリアの清掃を行います。ホテルの基本となる商品を管理するため、重要な職務です。オペレーターは外線・内線電話の取次ぎ、モーニングコール等の業務を行います。

## 宿泊部門で求められるスキル

ホテルにはさまざまな国籍のゲストが来館するため、英語スキルは必須です。また、予約段階からチェックイン、お部屋への案内まで、各セクションが連携して行うため、コミュニケーション能力と柔軟な対応力が要求されます。とくにフロントはホテル館内のトラブルなどの情報を把握し、対応する必要があります。

---

**PMS**

Property Management System（プロパティ・マネジメント・システム）の略語であり、ホテルの客室管理を行うシステムのこと。詳しくはP.196参照。

## ▶ 宿泊部門の仕事内容

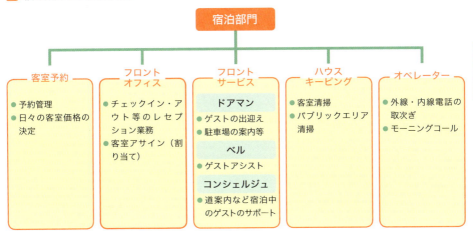

## ▶ フロントオフィスの勤務スケジュール例

### ●日勤

| 8：30 | 始業<br>ブリーフィング<br>カウンターにてチェックアウト業務<br>客室のアサインメント（割り当て） |
|---|---|
| 12：30 | 売上集計 |
| 14：00 | カウンターにてチェックイン業務 |
| 16：45 | オフィスにて事務作業 |
| 17：00 | 終業 |

### ●夜勤

| 15：30 | 始業<br>ブリーフィング |
|---|---|
| 16：30 | カウンターにてチェックイン業務 |
| 21：00 | 売上集計 |
| 22：00 | 未チェックイン予約の確認 |
| 1：00 | 交代で休憩（2時間） |
| 3：00 | 出発分のチェック |
| 5：00 | カウンターにてチェックアウト業務 |
| 8：30 | 終業 |

※夜勤は1回勤務すると2日分の就労となります

第7章　ホテルの職種と求められるスキル

食堂部門

# 食を提供するスペシャリスト
# 食堂部門

**Chapter7 04**

ホテルの食堂部門にはフレンチ、ビュッフェなどのレストランと、バー・ラウンジがあります。ゲストの間近でサービスを提供するため、清潔感と高い接客能力が要求されます。食に対する知識も必須です。

## 食堂部門の職種

食堂部門は一般に レストランとバー・ラウンジに分類 されます。

ホテルのレストランは、フレンチ、イタリアン、洋食、中華、和食など、バラエティに富んでいます。また、大量調理を得意とするホテルならではの施設として、ビュッフェが多くのホテルに設置されています。

バー・ラウンジは、食事よりも主にコーヒーや酒などのビバレッジ（飲料）を中心に提供します。ロビーや見晴らしの良い上層階に設置されることが多く、待ち合わせなどで気軽に利用できます。ティータイムには、アフタヌーンティーを提供するホテルが増えています。

レストランやバー・ラウンジでは、オーダー取りや配膳・下膳を行う サービススタッフ（ウェイター、ウェイトレス、**バスパーソン**）、**グリーティング** を行う レセプションスタッフ、ワインの専門家である ソムリエ、バーでドリンクを提供する バーテンダー、責任者である マネージャー などの職種があります。またキッチンにオーダーを通して、ホールの状況を考慮しながら料理提供のタイミングを調整する ディシャップ も重要なポジションです。

## 食堂部門で求められるスキル

食堂部門では食を扱うので、安全面、衛生面にはとくに注意が必要です。身だしなみも食事の印象に大きな影響を与えます。メニュー内容は更新されていくため、つねに 提供する料理や食材についての知識を持つ必要があります。また、ゲストの態度や発言に瞬時に反応する機転と、雑談力 も重要です。

---

**バスパーソン**
busperson。
食器類の後片付けやテーブルセッティングなど補助的業務を担当する。男性形はバスボーイ、女性形はバスガール。

**グリーティング**
greeting。
レストランの入口付近で最初にゲストを出迎え、予約の有無や人数などを確認すること。

**ソムリエ**
sommelier。
レストランなどで、客の要望に応えてワインを提供する専門家。3年以上の実務経験を積んだ後、資格試験に合格する必要がある。

158

## ▶ 食堂部門の職種

第7章 ホテルの職種と求められるスキル

## ▶ ソムリエの勤務スケジュール例

| 11：30 | 始業 |
| --- | --- |
| 11：30 | ランチタイム開始、サービス業務 |
| 14：30 | ランチタイム終了、ディナー準備 |
| 15：00 | ミーティング |
| 16：00 | 休憩 |
| 17：30 | ディナータイム開始、サービス業務<br>ソムリエとして活躍 |
| 20：00 | 終業 |

**Chapter7**
**05**

宴会部門

# プランニングから運営まで行う宴会部門

宴会部門には、予約受付からプランニングまでを受け持つ宴会予約と、当日の運営を行う宴会サービスがあります。案件の規模が大きい場合もあり、念入りな調整と統率のとれた運営力が求められます。

## 宴会部門の職種

宴会部門には、宴会予約と宴会サービス（バンケットサービス）があります。

宴会予約は、宴会イベントのプランニング、見積書作成、会計等の業務を行います。宴会予約は、婚礼（ウエディング）とそれ以外の一般宴会（バンケット）とに分かれている場合もあります。婚礼はウエディングプランナーがゲスト一組ごとに担当となり、披露宴当日まで数回にわたって詳細を決定していきます。一般宴会は利用者、用途ともにさまざまなケースがありますが、それぞれのゲストの要望を受けて宴会を作り上げます。

宴会サービスは、宴会予約担当が決定したプランを記入した手配書に沿って、当日の宴会運営を行います。多くの場合、サービススタッフ（ウェイター、ウェイトレス）やコンパニオンは配膳人が担当し、ホテルの社員がインチャージ（責任者）を務めます。配膳人は、配膳人紹介所を通じてホテルに派遣されるサービスプロフェッショナルであり、宴会の実施日に合わせて勤務します。

## 宴会部門で求められるスキル

宴会部門では食を扱うので、安全面、衛生面には細心の注意が必要です。国賓や著名人などのVIPが出席する宴会においては、国際儀礼（プロトコール）に即したサービス提供とセキュリティの確保も要求されます。また、配膳人は派遣されるスタッフが固定されておらず、スキルにもばらつきがあるため、統率するインチャージは彼らの能力と適正を考慮して差配する能力が求められます。

> **ウエディングプランナー**
> 結婚式や披露宴をプロデュースする職業。ウエディングプランナーの国家検定として、ブライダルコーディネート技能検定がある。

160

## 宴会部門の仕事内容

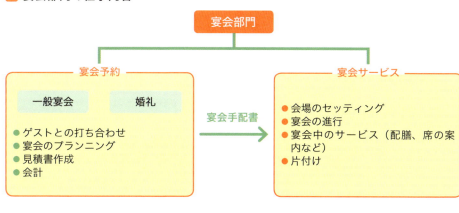

## ウエディングプランナーの仕事内容

### ●ウエディングプランナーの主な仕事

① 新規接客
② 打ち合わせ（手配業務）
③ 挙式当日の全体運営管理

### ●結婚式当日までの主な業務内容

- 結婚式の日程、コンセプトの決定
- 招待状、席次表、司会、装花、装飾の手配
- 演出、BGMの検討
- 料理、ウェディングケーキの決定
- ドレス、ヘアメイクの決定
- 引き出物などの決定・発注
- 写真やムービー撮影の手配
- 見積の提示

セールス＆マーケティング部門

# ホテルの魅力を伝えて売上につなげるセールス＆マーケティング部門

**Chapter7 06**

セールス＆マーケティング部門は、潜在顧客や組織等に働きかけて、新たなビジネスを獲得します。セールス課はホテル外に出て商談を行います。マーケティング課はWeb等のメディアを通じて自社の魅力をアピールします。

## セールス＆マーケティング部門の職種

セールス＆マーケティング部門には、セールス課、マーケティング課があります。

セールス課では、セールスパーソンが営業活動を行います。旅行代理店担当、一般企業担当、官公庁担当、海外セールス担当など、ターゲットとする顧客ごとにチーム編成されます。

マーケティング課は、メディアへの広報活動や宣伝、Webサイトの作成と更新、パンフレットやフライヤーなど販促物の制作などを行います。ロゴマークやデザインなどのブランドスタンダードを徹底しているホテルでは、ロゴなどが適切に使用されているかを管理します。また、ディナーショーやウエディングフェアなどのイベント企画や、他社ブランドやキャラクターとのコラボレーション商品の開発なども行います。

## セールス＆マーケティング部門で求められるスキル

セールスは、ホテルの外部の組織等に働きかけて、新たなビジネスを獲得します。そのためには自社商品の深い知識に加えて、コミュニケーション力や交渉力、ゲストの要望に対する提案力などが必要です。また他社の動向や社会情勢など、最新情報の収集力も欠かせません。

マーケティングは、ホテルから外部に情報発信して商品の魅力を伝え、集客を図ります。メディア関係者とよい関係を構築することが重要です。近年ではSNS等の影響力が大きくなっており、公式アカウントからの情報発信や、インフルエンサーとの協力関係などの重要性が増しています。また、Web上のクチコミに対する適切なレスポンスや、炎上への対策なども必須です。

162

## ▶ セールス＆マーケティング部門の仕事内容

```
            セールス＆マーケティング部門
         ┌──────────┴──────────┐
      セールス                マーケティング
   旅行代理店  一般企業      ● メディアへの広報、宣伝
   官公庁    海外          ● ウェブサイトの作成、更新
   ● 商談                  ● ブランディング
   ● ホテル内との連携、調整    ● イベント企画
                          ● 商品、サービスの開発
```

第7章 ホテルの職種と求められるスキル

## ▶ 営業担当（客室セールス）の勤務スケジュール例

|  |  |
|---|---|
| 9：00 | 始業<br>メールチェック<br>ミーティング |
| 10：00 | 外出<br>新規開拓をするべく営業活動<br>得意先訪問　など |
| 12：00 | 休憩 |
| 17：00 | 外出より戻る<br>メールチェック<br>予約手配 |
| 17：30 | 終業 |

今日のマーケティング部門の仕事では、Web上の広告宣伝や、SNSの公式アカウントへの投稿、ゲストコメントへの対応などの重要性が高まっています。

163

**Chapter7 07**

管理部門

# ホテルの「縁の下の力持ち」管理部門

管理部門には、総務部門、経理部門、購買部門、施設部門があります。ホテル業だけでなく、あらゆるビジネスの企業活動を行う上で共通する業務内容が含まれています。

## 管理部門の職種

管理部門には、総務部門、経理部門、購買部門、施設部門があります。

総務部門は、企業を円滑に運営するために必要な事務手続きや、管理業務などに関わる部門です。総務課は、会社の規定や文書取扱・管理、法務、株式会社の場合には株主総会関連の事務局業務などを行います。人事課（ヒューマンリソース課）は、採用、人事異動、給与計算、社会保険労務等を行います。人材開発課（トレーニング課）は、従業員向けの研修を企画、実施します。

経理部門のうち、経理課は、決算業務、税務、資金繰り、予算管理などを行います。会計課は、帳票類の精査、仕訳、請求書作成と売掛金回収等を行います。また、F&Bコントローラーは、料飲部門のコスト管理（管理会計）を行います。

購買部門のうち、購買課は、各セクションの購入希望を取りまとめ、食材などの原材料や備品類の発注業務を行います。検収課では、購買課が発注した品物を業者から受け取り、中身を精査して、各セクションに配布します。

施設部門（エンジニア）のうち、技術課では、ボイラーや電気系統のメンテナンスを行います。営繕課は、器具や備品の補修作業や、簡単な備品類の製作などを行います。保安課は、防災システムの管理や、警備を担当します。

## 管理部門で求められるスキル

管理部門の職種の多くは、ホテル業界以外でも同様に存在します。それぞれの職種ごとに、必要なスキルや資格等は異なります。表舞台で働くスタッフを陰で支える、「縁の下の力持ち」です。

## ▶ 管理部門の仕事内容

```
                          管理部門
        ┌───────────┬───────────┼───────────┬───────────┐
        総務              経理            購買            施設
```

**総務**
- 秘書課
  - 社長、役員の秘書業務
- 総務課
  - 文書管理、法務
- 人事課　人材開発課
  - 採用、人事異動
  - 採用、労務管理
  - 採用、研修の実施

**経理**
- 経理課（主計課）
  - 決算業務
  - 資金繰り
  - 税務
  - 予算管理
- 会計課（収納課）
  - 帳票類の仕訳
  - 請求書作成
  - 売掛金回収

**購買**
- 購買課
  - 食材・資材購入のとりまとめ
  - 発注業務
- 検収課
  - 購入品の受取、精査
  - 各部門への配布

**施設**
- 技術課
  - ボイラー電気系統のメンテナンス
- 営繕課
  - 備品の補修作業
  - 保安課
  - 防災システムの管理、警備

第7章　ホテルの職種と求められるスキル

---

### ONE POINT

## F&Bコントローラーの役割

大規模な料飲施設をもつホテルには、料飲原価を管理する担当として、F&Bコントローラー（Food & Beverage Cost Controller）という職種があります。主な業務内容は、料飲売上に関する原価管理、棚卸、部門間材料費移動、コストセービングなどです。調理現場のシェフたちと、食材の仕入を行う担当者との間にたって、適正な料飲原価をキープするためにコミュニケーションをとります。また、食材の在庫状況などのデータを取りまとめ、経理部にレポートする重要な役割も担っています。

**Chapter7**
**08**

マネジメント部門

# ホテルにおけるマネジメント
# 現場の最高責任者・総支配人

ホテルの経営幹部である総支配人、営業副総支配人、管理副総支配人、総料理長は、日々の運営のなかで、従業員満足、顧客満足、業績の維持・向上の責任を負っています。

## ホテルのマネジメントの職種

　ホテルにおけるマネジメント（経営幹部）とは、総支配人、営業副総支配人、管理副総支配人、総料理長などを指します。

　総支配人（General Manager：GM）はホテルの総責任者として、従業員満足、顧客満足、業績の維持・向上が求められます。従業員の採用、トレーニング、評価を通してモチベーションを高め、企業のビジョンと目標を示します。顧客満足度調査の結果などから、顧客の意見を分析し、サービス内容の見直しや従業員への指導を行います。また、対外的な広報活動やVIPの接遇なども行います。そして、ホテルの予算の策定と決算説明の責任も負います。

　営業副総支配人は総支配人を補佐し、宿泊部門、食堂部門、宴会部門、セールス＆マーケティング部門の支配人とともに日々のオペレーションを統括します。管理副総支配人は総支配人を補佐し、総務・人事部門、経理部門、購買部門、施設部門の支配人とともにバックオフィスの業務を統括します。

　総料理長はホテルのすべてのレストランと宴会の調理人を統括し、メニューの開発や衛生管理の責任を負います。

## マネジメントに求められるスキル

　総支配人になるためには、サービスの現場で経験を積み、部門の管理職を経て、ホテル全体のオペレーションを理解したうえで、収支管理の知識なども身につける必要があります。外資系ホテルでは、ホテル経営学の修士号をもつ総支配人も少なくありません。

　ホテルは「人財」によって成り立っています。従業員1人1人のモチベーションを高め、顧客満足の向上を目指すことによって、顧客に愛されるホテルを作り上げることができるのです。

## ▶ 総支配人の役割

## ▶ 総支配人のキャリアの流れ

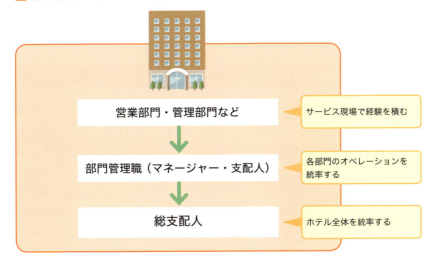

**Chapter7**
**09**

キャリアパス

# ホテリエのキャリアパス
# サービス現場からマネジメントへ

キャリアパスとは、企業に入社した後、どのようなキャリアを積んでステップアップしていくか、というプロセスを指します。ホテリエとなった後、各人のキャリアの目標に合わせて、さまざまなキャリアパスが考えられます。

**ホテリエ**
hotelier。
ホテルで働く人の総称。「ホテルマン」という表記は男性形であるため、近年は「ホテリエ」が一般的になりつつある。

## さまざまなキャリアパス

　ホテリエとしてのキャリアは、一般的に現場での接客業務からスタートします。レストランのバスパーソンや、客室部門のベルパーソンといったセクションが多いでしょう。ハウスキーピングなど、ほとんど接客のない業務に配属されるケースもあります。

　しかし、その後のキャリアは人それぞれです。たとえばベルに配属された後、数年後にフロント、さらにそこから数年後にセールス担当へ、というケースもあれば、途中で経理部門や人事部門へ異動するケースもあります。また、レストランのサービススタッフが資格試験に合格してソムリエになる、客室部門でコンシェルジュになるなど、専門的能力を極めていくケースもあります。

　先述したように、ホテルには多種多様な職種と働き方があります。各人のライフスタイルやキャリアの目標に合わせて、いろいろなキャリアパスが考えられるのです。

## 転職という選択肢

　世界のホテル産業では、転職が当たり前のように行われてきました。1つのホテル企業でキャリアを全うする人もいますが、別のホテルに転職して、ステップアップしていくという選択肢もあります。インターナショナルホテルチェーンのオペレーションはマニュアルによって共通化されており、1つのホテルでスキルを身につければ他のホテルでも通用する部分が多くあります。さらにコンシェルジュやソムリエなどの専門知識を身につけていれば、転職の機会が増えます。我が国でも次々と新規ホテルが開業しており、ホテリエの求人数も増え続けています。

168

## ▶ 東急ホテルズのキャリアプラン

| 年代 | 20代 | 30代 | 40代 | 50代 | 60代 |
|---|---|---|---|---|---|
| ステップ | ホテルパーソンの基礎を作り、将来を見据える | 視野・業務フィールドを広げ、自らのマネジメント力や専門技能を向上・実践 | | 視座を高く後進を育成 | |
| キャリア形成で期待すること | さまざまな部署・ホテルで幅広い実務経験を積み、自らのキャリアロードを進む | | 経験を活かしたマネジメント実践と専門知識・技術の伝承 | | |
| ジョブローテーション | キャリアプランシートでアソシエイツのキャリアを把握し、タレントマネジメントシステムを用いて人財を活用 | | | | |
| アソシエイツのキャリアロード | アソシエイツのキャリア志向やライフプランに応じて変化しながら成長を目指す | | | | 自身の経験を振り返り個々の道を歩む |

アソシエイツのキャリアロード部分（図）：

- マネジメント力や組織管理職を向上し上位職を目指す → マネジメント職 総支配人など
- 専門能力・知識や技術を向上し専門性を高める → エキスパート職
- 本人のライフイベントや志向に応じたキャリア選択（変更可能）
- ワークライフバランスを重視してプライベートを充実 → 一般職
- 育児・介護など私生活の環境に応じて勤務形態を変動 → マネジメント ↔ 一般職
- 留学・出産・育児などで退職 → 再入社・キャリア採用

60代：
- ノウハウやスキルの伝承
- 得意分野での業務支援

出所：東急ホテルズRECRUIT SITE（https://www.tokyuhotels-recruit.com/newgraduate/about/training/）の情報をもとに作成

## ▶ グローバルホテルのキャリアパス

| Title | 役職 | 役割 |
|---|---|---|
| Trainee | 新入社員（トレーニー） | 研修生 |
| Assistant | スタッフ（アシスタント） | スキルを磨く |
| Supervisor | スーパーバイザー | |
| Manager | マネージャー | 部門を統率 |
| Division Manager | 支配人 | |
| Assistant General Manager | 副総支配人 | 全館を統率 |
| General Manager | 総支配人 | |

出所：著者作成

**人材育成**

## 人材育成とトレーニング制度
## 「人財」を育てるための投資

多くのホテルでは、研修プログラムを充実させることによって、従業員のスキルアップとモチベーションの向上を図っています。入社時および各階層別研修のほか、英語やリーダーシップなどに関する研修も行われています。

### ホテルのトレーニング制度

　ホテルで提供されるサービスの品質は、顧客の満足を左右する大切な要素であり、そのサービスを提供する従業員のスキルアップとモチベーションの向上はもっとも重要な課題です。

　多くのホテルでは、入社後のオリエンテーションから、中間管理職、管理職、マネジメントの各階層向けの研修を行っています。その他にも、英語能力研修や、リーダーシップ研修、ダイバーシティ研修なども行われています。また、オンラインでの各種トレーニングプログラムも実施されます。さらに海外ホテルや大学院に派遣する研修を行っている企業もあります。こうした各種の研修は、従業員の能力を向上させるとともに、自己の成長を実感できることを通じたモチベーションアップも目的にしているのです。

### マネジメントへの道

　将来、管理職やマネジメントになるにあたり、直接接客をする経験はたいへん重要です。ゲストの要望が分からなければゲストを満足させることはできず、ホテル経営が成り立たないからです。

　ヒルトンなどのインターナショナルホテルチェーンでは、優秀なマネジメント候補生を育成するために、短期間のうちにホテル内の全セクションを経験させるマネジメントトレーニングプログラムを実施しています。将来を嘱望される人材には、すべての現場の業務内容と各業務のつながりを理解することがたいへん重要であると考えられているからです。こうしたトレーニングを受けた人材がマネージャーなどの中間管理職となり、さらに収支管理などの知識を身につけ、総支配人などの重職についてゆくのです。

## ▶ 東急ホテルズの教育研修プログラム

| 想定年代 | 20代～30代 |||| 30代～50代 |||
|---|---|---|---|---|---|---|---|
| 資格 | P3 | P2 | P1B | P1A | L2B / E2 | L2A / — | L1 / E1 |
| 役職 店舗 | | | | チーフ・アシスタントチーフ | マネジャー・シェフ | 支配人・料理長 | 総支配人・副総支配人・総料理長 |
| 役職 本社 | | | | | マネジャー | リーダー | 部長・担当部長・課長 |
| 専門職位 | | | | | エキスパート || エグゼクティブ・エキスパート |
| 階層別研修 必須研修 | 新入社員研修 | | P1B昇格研修 | P1A昇格研修 | L2B昇格研修 | 総支配人勉強会 ||
| 階層別研修 研修主旨 | 東急ホテルズアソシエイツとしての心構え | | 自身の将来のキャリアを考える研修 | 役職者として志を高める研修 | 管理職としてマネジメント力を高める | 総支配人勉強会 ||
| | | | | | E職昇格研修：コーチング力を高める研修 |||
| 階層別研修 指定研修 | | 東急グループ専門研修 ||| 東急グループマネジメント研修 |||
| 公募研修 各種研修 キャリアUP研修 | | Next Leaders Factory || 次世代管理職育成研究 | 次世代総支配人育成研修 ||
| | | ホテル間相互派遣研修 ||| 社外マネジメント研修 |||
| 実務研修 | | ダイバーシティ研修・DX研修・コンプライアンス研修など ||||||
| 自己研鑽 | | eラーニング・通信講座（オンライン英会話など） ||||||
| 海外研修 | | 海外ホテル交換留学研修・海外での調理技術向上研修 |||||

※60歳以降は定年後再雇用となります

出所：東急ホテルズRECRUIT SITE（https://www.tokyuhotels-recruit.com/newgraduate/about/training/）の情報をもとに作成

第7章 ホテルの職種と求められるスキル

入社後、数年を経て受ける研修では、日々の業務から離れて、職場を俯瞰的にとらえ、改めて自分の役割などを考える機会となります。また、職場を超えた従業員同士の交流を通じて、さまざまな気づきを得ることにもつながります。

## COLUMN 7

# ホテル業界での多様な働き方

## キャリアとライフスタイル

　ホスピタリティ産業であるホテル業で働く人は、「他者のために働く」ことによって働きがいを感じる点が共通しています。ただし、人生100年時代と言われる現代にあって、自身のキャリアに対する意識や目標は千差万別であり、個人が仕事に求めるものや、理想とするライフスタイルは一様ではありません。

　サービスの現場でゲストに接客を続けることによって専門性を磨き、サービスのプロを目指す人もいれば、いずれはマネージャーや支配人となって、オペレーションでリーダーシップを発揮することを目指す人もいます。また、サービススタッフをバック部門から支援する仕事や、緻密な数値管理や経営計画策定などによって活躍したい人もいるでしょう。

　ライフスタイルの面では、平日勤務を選択したければ事務系の部署や、深夜もしっかり働いて手当を稼ぎたければシフト交代制の部署などを選択することができます。また、妊娠や子育てなど、生活環境の変化に合わせて、時短勤務や部署異動によって最適なワーク・ライフバランスを実現することも可能です。

　ホテルでは女性が活躍できる環境が整っています。管理職を目指してバリバリ働きたい女性には、昇級・昇進のチャンスが平等に用意されています。一方、人生の節目に合わせて、私生活を重視した働き方に変更できる自由度があります。

## 外資系ホテルと国内ホテルの違い

　かつて日本企業は終身雇用制が主流でしたが、近年では中途採用も行われるようになってきました。外資系ホテルは先述のとおりオペレーションマニュアルが統一されているため、1つのホテルで業務をマスターすれば、他のホテルでも勤務することが容易であり、また転職によりステップアップするという考え方が一般的であるため、国内ホテルと比較して転職は多い傾向にあります。国内ホテルでは、人事課が計画的に人事異動を行って、多様な経験を通した人材育成と組織の最適化を図る企業が多い傾向にあります。

# 第8章

# ホテルの
# マーケティング戦略

マーケティングの目的は、顧客のニーズを理解し、商品が売れるように働きかけることです。そのためにはホテルのブランドイメージを高め、自社ホテルの魅力をアピールする必要があります。ここでは、ホテルにおけるマーケティングの手法を見ていきます。

**Chapter8**
**01**

ホテルマーケティングの概要

# プッシュ戦略とプル戦略

ホテルの販売促進を担当するのはセールス＆マーケティング部門です。セールス課は対面営業によって顧客に直接働きかけます。マーケティング課は、広告宣伝や広報、Webなどを駆使して顧客の購買意欲を高めます。

## ホテルにおけるマーケティングの目的

　経営学者のピーター・F・ドラッカーは、「マーケティングの理想はセリング（販売）を不要にすることである。マーケティングが目指すものは、顧客を理解し、顧客に製品とサービスを合わせ、おのずから売れるようにすることである」と述べています。

　つまりホテルにおけるマーケティングの目的は、変化する顧客のニーズを理解して、ホテルの客室、食堂、宴会などの商品が売れ続けるように働きかけることにあります。ホテルではこうした販売促進活動（プロモーション）を、主にセールス＆マーケティング部門が担当します。

## プロモーション・ミックス

　さまざまな販売促進活動を組み合わせることを、プロモーション・ミックス（Promotional mix）と呼びます。プロモーションの種類には、対面販売、広告宣伝、パブリック・リレーションズ（広報）、ダイレクト・マーケティング、デジタル・マーケティングなどがあります。

　対面販売（Personal selling）は、セールス課のセールスパーソンが、旅行会社や法人などの顧客先を訪問したり、潜在顧客へ飛び込み営業をしたりすることなどが含まれます。またインバウンド誘致に注力しているホテルでは、海外セールスチームを組成して、セールス活動を展開しています。このようなプロモーション活動はプッシュ戦略と呼ばれます。対面販売以外の活動はマーケティング課が担当します。顧客と直接対面せず、売れる仕掛けをすることから、プル戦略と呼ばれます。

## ▶ プロモーション・ミックスの種類

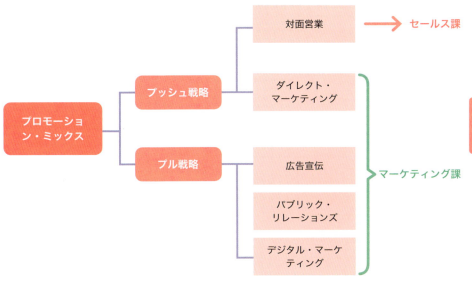

## ▶ プッシュ戦略とプル戦略の違い

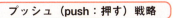

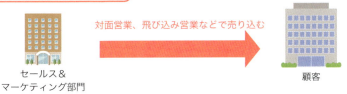

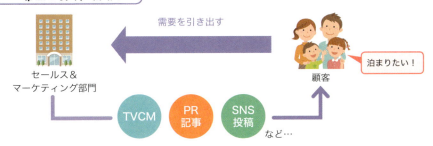

**Chapter8**
**02**

マーケティング・コミュニケーションの種類①

# メディアの広告枠を購入する 広告宣伝

広告宣伝は、広告費をかけてメディア上で宣伝することです。ホテル業界の広告宣伝は、客室はインターネット上のバナー広告、食堂はSNSやディスプレイ広告、ウエディングは雑誌広告などが主流です。

## 広告宣伝の種類と特徴

　広告宣伝（Advertising）とは、メディアの広告枠を購入して、商品やサービスを宣伝することです。対象となるメディアには、マスメディア（新聞、雑誌、ラジオ、テレビ）、屋外看板、パンフレット、カタログ、ディスプレイ、ポスター、ダイレクトメール、モバイルアプリ、Webページ、バナー広告などがあります。

　こうした広告宣伝は、多くの視聴者に広く認知してもらえる可能性がありますが、費用がかかります。テレビCMは映像によって視覚と聴覚を刺激し、有名人などを起用して効果を高めることもできますが、莫大な制作費用がかかります。また近年ではテレビ離れやCMスキップなどの課題もあります。それに対して、インターネット上の広告では、ターゲットを絞って、テキスト、画像、動画などを組み合わせて表示させることができ、また広告効果の測定も容易です。近年はSNS上の広告も増加しています。

## ホテル業界の広告宣伝

　客室商品は1件あたりの価格が安いため、マスメディアの広告はあまり使用されません。ただし一部の宿泊特化型ホテルなどではテレビCMを行っています。チェーンホテルでは、インターネット上のバナー広告などが主流です。

　食堂は、SNSなどの広告に加えて、最寄り駅や近隣のディスプレイ広告で季節のフェアなどの告知を行っています。

　ウエディングは1件あたりの単価が高く、また『ゼクシィ』などの雑誌の影響力が強いため、多くのホテルが雑誌広告を掲出しています。なお、一般宴会に関しては対面販売が主流です。

## ▶ 主なメディア広告の特徴

| | メリット | デメリット |
|---|---|---|
| 新聞 | ・媒体として信頼性が高い<br>・読者数が多い、地域別が可能<br>・掲載まで短時間→タイムリー | ・1日で媒体価値を失う<br>・回読率が低い<br>・紙質が悪く、カラー印刷品質低い |
| 雑誌 | ・デモグラフィックやライフスタイルによるセグメンテーション可能<br>・長時間媒体価値を持つ<br>・カラー印刷品質が高い | ・掲載までに時間がかかる<br>・読者数が少ない<br>・掲載ページ指定が難しい |
| ラジオ | ・地域、デモグラフィック、ライフスタイルによるセグメンテーション可能 | ・聴覚だけにしか訴えられない<br>・聴取者数が少ない |
| テレビ | ・映像で視覚と聴覚を刺激し、感覚に訴えられる<br>・視聴者数が多い<br>・注目度が高い | ・コストが高い<br>・詳細、大量の情報は伝達しにくい |
| 屋外広告 | ・地域によるセグメンテーションが可能<br>・大きなスペースを使用できる<br>・再接触率が高い | ・デモグラフィックやライフスタイルによるセグメンテーションが難しい<br>・短時間での入れ替えが難しい |
| ダイレクト・メール | ・1対1の深いコミュニケーションが可能<br>・内容をカスタマイズできる | ・個人情報の取扱に注意が必要<br>・コスト効率が高くない<br>・破棄されるリスク |
| インターネット/SNS | ・情報量の制約が少ない<br>・情報の更新が容易<br>・1対多、1対1のコミュニケーションが可能<br>・広告効果を測定しやすい | ・情報が多すぎて埋もれてしまう危険<br>・情報の信頼性の判断が難しい<br>・誰もが情報発信できるため、企業の情報コントロールが難しい |

第8章 ホテルのマーケティング戦略

**マーケティング・コミュニケーションの種類②**

# 広告費をかけない広報活動
# パブリック・リレーションズ

**Chapter8**
**03**

パブリック・リレーションズは、広告費をかけずにメディア上で取り上げられることを目指す活動です。その効果は大きく、マーケティング課では日頃からメディア各社の担当者との関係構築に注力しています。

## パブリック・リレーションズの特徴

　パブリック・リレーションズ（Public Relations または publicity）とは、プレスリリースなどを通してメディアに情報発信して、ニュース記事や報道番組に取り上げてもらうなど、第三者から消費者に間接的に伝えてもらうための活動です。対象となるメディアには、新聞、雑誌、テレビ、インターネットニュース、SNSやブログなどがあります。基本的に費用をかけずにメディアに掲載されるため、たいへん効果的です。

　パブリック・リレーションズの効果測定は、実際にそれぞれのメディアに広告掲載した場合の費用を広告価値として換算します。たとえば新聞や雑誌に記事として取り上げられた場合、その記事と同じ面積で広告宣伝を掲出する際の広告費相当分が、効果として算出されます。テレビの情報番組などで取り上げられれば、その広告価値は数百万円から数千万円にのぼります。

## ホテルにおけるパブリック・リレーションズ

　ホテルのマーケティング課では、大きな効果が見込めるパブリック・リレーションズを成功させるために努力しています。新商品や企画を発売するたびに、ニュースリリースをメディア各社に配信するとともに、メディア記者をホテルに招いてお披露目会を行うなど、担当者との関係構築に力を注いでいます。また、メディア担当者と良好な関係を築いておくことによって、万一不祥事や炎上などが起きた場合にも、正確な情報を発信して報道してもらうことによって、ネガティブな拡散を防ぎ、ブランドイメージの毀損を防ぐことにもつながります。

## ▶ パブリック・リレーションズと広告宣伝の違い

|  | 広告 | パブリック・リレーションズ |
| --- | --- | --- |
| 情報発信者 | 広告主（広告枠） | 第三者（記者・消費者） |
| 情報伝達性 | 確実に露出できるが、関心を持って見られるかは分からない | 露出できるかは不確実だが、関心を持って見られる可能性が高い |
| 情報のコントロール | 企業がコントロールできる | 企業がコントロールできない |
| 消費者が受ける印象 | 企業の一方的な情報 | より客観的な信憑性ある情報 |

## ▶ ホテルにおけるパブリック・リレーションズ

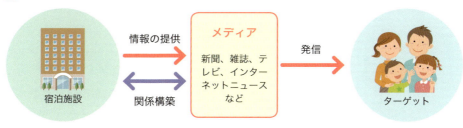

---

### 👉 ONE POINT

### 配信プラットフォームサービスの利用

企業からのニュースリリースを配信する方法のひとつとして、PR TIMESなどの配信プラットフォームサービスがあります。発信したいリリース情報をPR TIMESに登録すると、メディアリストに登録した300件までのメディアに対して、情報が発信されます。各メディアの掲載履歴や購読者を想定して、自社のターゲットに合ったメディアを選定します。

**Chapter8**

**04**

マーケティング・コミュニケーションの種類③

# デジタル・マーケティング SOEPにおける販売促進活動

デジタル・マーケティングは、SOEP（Shared, Owned, Earned, Paid）が対象となります。旅行会社などを経由せずに、自社の公式Webサイトに顧客を誘導して、コミッションを削減するための努力がなされています。

## デジタル・マーケティングの種類と特徴

デジタル・マーケティング（Digital marketing）は、インターネットを使用した販売促進手法です。シェア型メディア（Shared media）、自社所有メディア（Owned media）、クチコミメディア（Earned media）、ペイドメディア（Paid media）があり、それぞれの頭文字をとって「SOEP」と呼ばれます。

もっとも重要なシェア型メディアは、SNS公式アカウントやインフルエンサーによる投稿、アンバサダープログラムなどが含まれます。自社所有メディアには、ホテル公式Webサイト、メールマガジンなどが含まれます。クチコミメディアには、TripadvisorやGoogleなどのクチコミや、ブログ記事などが含まれます。ペイドメディアは、PPCやバナー広告などの有料広告が含まれます。

## ホテルにおけるデジタル・マーケティングの狙い

ホテルビジネスでもっとも取引件数が多いのが客室の販売です。旅行会社やOTA（オンライントラベルエージェント、P184参照）を仲介して販売するとコミッション（手数料）がかかるため、できるだけ自社Webサイトから顧客が直接予約する比率を高めたいというのが本音です。そのため、ホテル公式Webサイトの使い勝手をよくして、SNSのアカウントや有料広告にリンクを貼り、自社のWebサイトに誘導する努力を行っています。また、Googleなどの検索エンジンでホテルを検索した結果の表示順位を上げるため、SEOにも取り組んでいます。自社の公式Webサイトを閲覧した人が予約までのステップを簡単かつ分かりやすくすることによって、コンバージョン率の向上を目指しています。

---

**PPC**
Pay Per Clickの略。クリック課金型広告と呼ばれる。ユーザーが広告をクリックするごとに課金される方式。

**SEO**
Search Engine Optimizationの略。検索エンジン最適化と呼ばれる。Googleなどの検索エンジンでWebサイトの上位表示や露出を増やして、検索結果からユーザーの流入を増やすための取り組み。

**コンバージョン**
Webサイトの目的の達成や成果。ここでのコンバージョンは、自社の公式Webサイトを閲覧した人が予約することを指す。

## ▶ デジタル・マーケティングの種類

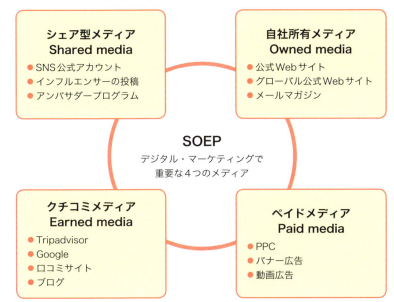

## ▶ 客室販売におけるデジタル・マーケティングの狙い

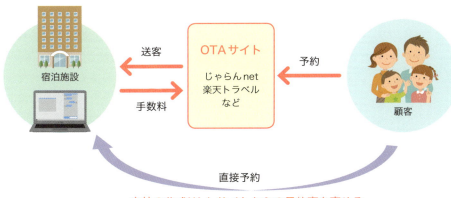

**マーケティング・コミュニケーションの種類④**

# レピュテーションマネジメントとSNS

**Chapter8 05**

レピュテーションマネジメントは、企業の評判を高め、ネガティブな評判を回復するために行う活動です。SNSやクチコミサイトでの評価やコメントには、誠意をもって迅速に返信するなどの努力が必要です。

## レピュテーションマネジメントの目的と方法

レピュテーションマネジメント（Reputation management）とは、企業の評判を高めたり、風評被害などのネガティブな評判を回復させたりするための活動のことです。

クチコミやSNSでの評判は瞬時に拡散され、消費者にイメージを植え付けます。よい評判であれば企業にとっても好材料となりますが、悪い評判の場合には企業は迅速な対応をとる必要があります。たとえば、じゃらんや楽天などのOTAサイト上の顧客からの投稿に対して、よい評価には感謝のコメントを、悪い評価には謝罪と今後の改善等について返信することによって、読者に企業側の誠実な姿勢を示し、よい印象を与えることが重要です。

よい評判を得るために、インフルエンサーと良好な関係を構築して、協力を得ることも行われています。しかし、2023年10月から施行された景品表示法第5条第3号（いわゆる**ステルスマーケティング**規制）により、企業がインフルエンサーに謝礼を渡しているにも関わらず広告として発信していない場合に罰金などを科すことになったため、注意が必要です。

## SNSマーケティング

SNSでは、公式アカウントから最新情報などを発信するホテルが増えています。ユーザーにシェアしてもらえるよう、ユニークで映える写真や動画を日々発信していく努力が必要です。複数のSNSチャネルの間で、説明内容や言い回しのトーンを統一させることも、ブランドイメージを守るためには重要です。また、一般ユーザーによる投稿も影響力がありますが、その内容を企業側がコントロールすることは簡単ではありません。

---

**ステルスマーケティング**

広告主が自らの広告であることを隠したまま広告を出稿すること。SNS等で誰もが情報を発信できる中で、中立的な第三者のような体裁をとって、実際には事業者から金銭等の対価を提供された広告も含まれる。「ステマ」とも呼ばれる。

## ▶ 情報発信する第三者の種類とアプローチ

|  | 影響力 | アプローチ方法 |
| --- | --- | --- |
| マスメディア記者 | 数百万人〜 | ニュースリリース、イベント招待 |
| 芸能人 | 数十万人〜数百万人 | 事務所を通して起用依頼 |
| パワーインフルエンサー | 10万人〜100万人 | DM、メールなどによる直接依頼、事務所への依頼 |
| 専門家 | 1万人〜10数万人 | メール等による直接依頼 |
| マイクロインフルエンサー | 1000〜1万人 | DM、メールなどによる直接依頼 |

## ▶ ステルスマーケティングの例

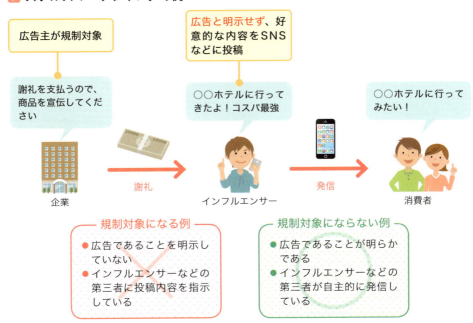

出所：消費者庁Webサイト（https://www.caa.go.jp/policies/policy/representation/fair_labeling/stealth_marketing/）の情報をもとに作成

**Chapter8**
**06**

マーケティング・コミュニケーションの種類⑤

# OTA、メタサーチとの共存関係
# 圧倒的な知名度と集客力

OTA（オンライントラベルエージェント）経由の予約にはコミッションが発生しますが、OTAの知名度と集客力は絶大です。OTAと良好な関係を築きながら、自社の公式Webサイトを充実させる必要があります。

## OTA、メタサーチとの協力関係

　日本観光振興協会とヴァリューズの調査によると、2022年に国内でもっとも利用されたOTAは「じゃらんnet」であり、パソコンから3030万人、スマートフォンから3190万人もの推計閲覧者数が報告されています。国内第2位の「楽天トラベル」も同様に多くの利用者数を記録しました。このように大手OTAは、絶大な知名度と人気を誇り、ホテルや旅館の予約サイトとしての地位を確立しています。先述のように、OTA経由の予約に対して、ホテルはコミッションを支払うため、収益を圧迫しますが、それでもOTAの集客力は魅力的なのです。

　近年、台頭してきたトリバゴなどのメタサーチは、OTA各社の価格を一覧表示して最安値を見つけることができるため、急速に利用者数を伸ばしました。またGoogleは、ホテル名を検索するとOTA各社の価格一覧を表示するサービス「Googleホテル広告」を展開しており、メタサーチを駆逐する勢いがあります。

**メタサーチ**
複数の検索エンジンから抽出した検索結果を統合して表示するサービス。

## ホテルの直接予約を増やすための工夫

　顧客がホテルを予約する際、最初はメタサーチやOTAで検索しますが、予約の最終決定に至る過程で、多くの利用者がホテルの公式Webサイトも検索します。したがって公式Webサイトのほうが魅力的であれば選ばれる可能性がありますが、表示価格についてはOTAと同料金が要求されており、価格差はつけられません。そこで、OTAでは販売していない魅力的な宿泊プランを販売したり、ホテル独自のポイントサービスやメンバーシップ特典を提供したりするなどの工夫がなされています。その際、公式Webサイトの分かりやすさや使い勝手のよさは必須条件です。

## ▶ 主なOTAの推計閲覧者数

### 「旅行・交通」カテゴリ内WEBサイトのPCからの推計閲覧数

| rank | サイト名 | カテゴリ | 2022年推計閲覧者数 |
|---|---|---|---|
| 1 | 宿・ホテル予約じゃらんnet | メディア | 30,300,000 |
| 2 | 楽天トラベル | メディア | 29,000,000 |
| 3 | 一休.com | メディア | 17,600,000 |
| 4 | 東日本旅客鉄道（JR東日本） | 製品サービス | 17,500,000 |
| 5 | 日本航空（JAL） | ショッピング | 16,900,000 |
| 6 | 全日本空輸（ANA） | ショッピング | 16,600,000 |
| 7 | トリップアドバイザー | クチコミ・掲示板 | 14,800,000 |
| 8 | ジェイティビー（JTB） | ショッピング | 14,300,000 |
| 9 | Yahoo! トラベル | メディア | 13,800,000 |
| 10 | aumo | メディア | 13,600,000 |
| 11 | Booking.com　オンラインホテル予約 | ショッピング | 12,400,000 |
| 12 | ホテル旅館予約（ASP） | ショッピング | 11,700,000 |
| 13 | えきねっと | ショッピング | 11,100,000 |
| 14 | RETRIP（リトリップ） | メディア | 10,600,000 |
| 15 | ウォーカープラス　Walker plus | メディア | 10,400,000 |
| 16 | 旅行のクチコミ　フォートラベル | クチコミ・掲示板 | 10,200,000 |
| 17 | 日本旅行 | ショッピング | 10,100,000 |
| 18 | JRおでかけネット | メディア | 9,830,000 |
| 19 | エイチ・アイ・エス | ショッピング | 9,550,000 |
| 20 | Smarter hotel booking-agota | ショッピング | 9,040,000 |

※ヴァリューズ保有モニタでの出現率を元に、国内ネット人口に則して20歳以上の人数を推測。

### 「旅行・交通」カテゴリ内WEBサイトのスマートフォンからの推計閲覧者数

| rank | サイト名 | カテゴリ | 2022年推計閲覧者数 |
|---|---|---|---|
| 1 | 宿・ホテル予約じゃらんnet | メディア | 31,900,000 |
| 2 | 楽天トラベル | メディア | 29,300,000 |
| 3 | 東日本旅客鉄道（JR東日本） | 製品サービス | 21,000,000 |
| 4 | 日本航空（JAL） | ショッピング | 14,100,000 |
| 5 | 全日本空輸（ANA） | ショッピング | 14,100,000 |
| 6 | ウォーカープラス　Walker plus | メディア | 13,700,000 |
| 7 | aumo | メディア | 12,700,000 |
| 8 | JRE　POINT | 製品サービス | 12,300,000 |
| 9 | 一休.com | メディア | 12,200,000 |
| 10 | ジェイティビー（JTB） | ショッピング | 11,700,000 |
| 11 | エイチ・アイ・エス | ショッピング | 10,400,000 |
| 12 | RETRIP（リトリップ） | メディア | 10,400,000 |
| 13 | トリップアドバイザー | クチコミ・掲示板 | 10,300,000 |
| 14 | Yahoo! トラベル | メディア | 10,300,000 |
| 15 | asoview! | メディア | 10,200,000 |
| 16 | えきねっと | ショッピング | 9,810,000 |
| 17 | Booking.com　オンラインホテル予約 | ショッピング | 9,460,000 |
| 18 | JRおでかけネット | メディア | 8,950,000 |
| 19 | ホテル旅館予約（ASP） | ショッピング | 8,560,000 |
| 20 | 日本旅行 | ショッピング | 7,690,000 |

※ヴァリューズ保有モニタでの出現率を元に、国内ネット人口に則して20歳以上の人数を推測。

出所：公益社団法人日本観光振興協会、株式会社ヴァリューズ「2022年観光関連サイト推計閲覧者数ランキング」

第8章　ホテルのマーケティング戦略

Chapter8
07

マーケティング・コミュニケーションの種類⑥

# 顧客のリピートを促す仕掛け
# ホテルイベント企画

客室、食堂、宴会で行われる各種イベントは、顧客を飽きさせることなく、継続的に来客を促す効果があります。さらに、その実現プロセスに関わる従業員にとっても、やりがいや仕事の楽しさを生み出す効果があります。

## ホテルイベントの重要性

ホテルで行われるシーズンごとの定例イベントや、新しいイベントを企画することによって、顧客を飽きさせることなく、継続的に来客を促すことが可能になります。

マーケティング課は、顧客データベースや過去の実績などを分析しながら、イベントを実施するそれぞれの部署と協力して、企画を練り、商品化します。従業員にとってもこのような企画の実行に向けたプロセスは、やりがいや仕事の楽しさを生み出す効果が期待できます。

## さまざまなホテルのイベント

レストランでは「苺フェア」など、旬の食材を主役にしたコースやビュッフェ料理などが企画されます。また、シェフによる夏休み中の親子向けの料理教室や、ソムリエによるワインテイスティング教室なども、ホテルならではの取り組みです。

宴会場では、芸能人やアーティストによるディナーショーが行われます。ファンにとっては、食事を楽しみながら大好きな芸能人を間近に見ることができるとあって、発売と同時に完売するケースも少なくありません。

ウエディングでは、試食会やドレスの試着ができるブライダルフェアが開催されます。顧客にとって大きな買い物だけあって、会場の雰囲気や料理の味など、実際に体験することが、成約の決め手になるのです。

近年では、客室などを含むホテル全体を舞台にして、役者が演じるイマーシブ（没入）型の演劇や、謎解きイベントなども登場して、人気を集めています。

## ホテルイベントの例

**客室部門**
- アート作品・写真展
- イマーシブ型演劇
- 体験型謎解きイベント

**食堂部門**
- 地域食材フェア
- 旬の地域食材フェア
- ソムリエのワイン教室
- シェフの料理教室

**宴会部門**
- ディナーショー
- ブライダルフェア
- クリスマスパーティプラン

**その他**
- ロビーコンサート
- ナイトプール＆サウナイベント

顧客個人の誕生日や結婚記念日に合わせて、特典つきのダイレクトメールを送るなどのサービスも行われています。

---

### ONE POINT

### ブライダルフェアの内容と役割

ブライダルフェアは、結婚式を検討する人のために催されるイベントです。会場に装飾などがセッティングされた状態で、模擬挙式や模擬披露宴の体験、アイテムなどの確認をすることができます。新郎新婦にとって人生の大切なイベントであるウエディング会場として選ばれるために、ホテル各社はブライダルフェアに力を入れています。

第8章 ホテルのマーケティング戦略

**Chapter8**

**08**

ブランドマネジメント

# ブランドマネジメント
# ブランドスタンダードの遵守

ブランドは他社と差別化するためのものであり、各ホテルブランドには独自のブランドスタンダードがあります。ホテルが発信するすべての情報は、ブランドスタンダードに則って消費者に届けられます。

## ブランドの役割と効果

ブランド（Brand）とは、自社の商品やサービスを識別して、競争相手から区別するために、名称、言葉、サイン、シンボル、デザインなどを組み合わせたものです。消費者にとって、ブランドは商品やサービスの品質に関する企業からの約束であり、そのブランドを気に入ると繰り返し利用し、ブランドに愛着をもつようになります。

ブランドを築き上げるには時間がかかりますが、M&Aによってブランドを入手することも可能です。マリオット・インターナショナルは、シェラトンなどのブランドを有するスターウッドをはじめとして、多くの企業を吸収し、30ブランドを擁しています。

**M&A**

Mergers and Acquisitions の略。
企業の合併や買収のこと。

## ホテルのブランドマネジメント

インターナショナルホテルチェーンは、複数のブランドを展開していますが、これをブランドポートフォリオと呼びます。ブランドごとに独自のコンセプトがあり、ユニークなロゴマークやデザインが定められています。こうしたルールは、「ブランドスタンダード」という形で文書化され、そのブランド名で運営するホテルではスタンダードの厳格な遵守が求められます。すべての従業員には研修などを通じてブランドの理念が周知徹底されます。また、パンフレットやフライヤーなどの印刷物、プロモーション動画、Webサイト上でも、ロゴマークの大きさや紙面全体に対する表示比率など、細かなルールに従うことが義務付けられています。このようなブランドスタンダードが守られることによって、顧客は世界中どこに行っても、そのブランドを安心して利用できるようになるのです。

188

## ▶ マリオット・インターナショナルのブランドとホテル軒数

| カテゴリー | ブランド | 軒数 |
|---|---|---|
| ラグジュアリー | JW Marriott | 121 |
| | The Ritz-Carlton | 119 |
| | The Luxury Collection | 113 |
| | W Hotels | 71 |
| | St. Regis | 58 |
| | EDITION | 19 |
| | Bvlgari | 9 |
| プレミアム | Marriott Hotels | 587 |
| | Sheraton | 436 |
| | Westin | 243 |
| | Autograph Collection | 304 |
| | Renaissance Hotels | 175 |
| | Le Méridien | 119 |
| | Delta Hotels by Marriott（Delta Hotels） | 135 |
| | Tribute Portfolio | 118 |
| | Gaylord Hotels | 6 |
| | Design Hotels | 111 |
| | Marriott Executive Apartments | 38 |
| | Apartments by Marriott Bonvoy | 1 |
| セレクト | Courtyard by Marriott（Courtyard） | 1,312 |
| | Fairfield by Marriott（Fairfield） | 1,290 |
| | Residence Inn by Marriott（Residence Inn） | 903 |
| | SpringHill Suites by Marriott（SpringHill Suites） | 547 |
| | Four Points by Sheraton（Four Points） | 309 |
| | TownePlace Suites by Marriott（TownePlace Suites） | 503 |
| | Aloft Hotels | 232 |
| | AC Hotels by Marriott | 236 |
| | Moxy Hotels | 138 |
| | Element Hotels | 99 |
| | Protea Hotels by Marriott | 63 |
| ミッドスケール | City Express by Marriott | 150 |
| レジデンス | Residences | 126 |
| | Timeshare | 93 |
| | Yacht | 1 |
| 合計 | | 8,785 |

出所：Marriott International「Marriot-2023-Annual-Report」

第8章 ホテルのマーケティング戦略

**メンバーシップ制度**

Chapter8
09

# 会員特典による顧客の囲い込み
# メンバーシップ制度（会員組織）

ホテル各社は、会員に対する優待価格や特別なサービスの特典を付与することによって、顧客の囲い込みを図っています。こうした制度は、利用するほどより多くの特典を受けられるため、顧客のさらなる利用を促進します。

## ホテルのメンバーシップ制度

　ホテル各社では、特別料金を提示するなどの特典を付与することによって、顧客にメンバーシップ（会員組織）への入会をすすめています。マリオット・インターナショナルのMarriott BonvoyやヒルトンのHilton Honorsなど、インターナショナルホテルチェーンのメンバーになれば、世界中の系列ホテルに優待価格で宿泊でき、ポイントを貯めることができます。さらに宿泊数や利用金額に応じて会員ランクがアップするしくみによって、顧客の利用をより促進する狙いがあります。国内ホテルでもプリンスホテルズのSeibu Prince Global Rewardsや、東急ホテルズのコンフォートメンバーズなどの会員組織があります。

## 会員ランクのアップと特典による囲い込み

　たとえばMarriott Bonvoyは、無料で入会することができ、会員向け特別割引料金のほか、客室内Wi-Fi無料、モバイルチェックイン・アウトなどのサービスが受けられます。さらに利用額1米ドルごとにポイントを獲得することができます。そして、年間10泊するとシルバーエリート、25泊するとゴールドエリート、と年間宿泊数に応じてランクアップしていき、年間100泊以上に加えて23,000米ドル以上利用すると最高ランクの「アンバサダーエリート」に認定されます。アンバサダーエリートは、パーソナルコンシェルジュサービスや、チェックイン・チェックアウトの時間を24時間希望の時間に指定できるなどの特別なサービスを受けることができます。このようにメンバーシップ制度は、利用するほど得をするという経済的な便益と、特別待遇による優越感を付与することによって、顧客の囲い込みを図っているのです。

190

## ▶ ホテル各社のメンバーシップ（2024年8月時点）

| ホテル企業名 | 会員組織名称 | 会員数 |
|---|---|---|
| マリオット・インターナショナル | Marriott Bonvoy | 2.0億人 |
| ヒルトン | Hilton Honors | 1.9億人 |
| IHG | IHG One Rewards | 1.3億人 |
| ハイアット | World of Hyatt | 0.4億人 |
| 西武プリンスホテルズ＆リゾーツ | Seibu Prince Global Rewards | 200万人 |
| 東急ホテルズ＆リゾーツ | コンフォートメンバーズ | 85万人 |

第8章　ホテルのマーケティング戦略

## ▶ Marriott Bonvoyの会員ランクと特典

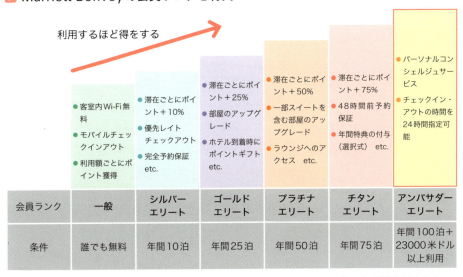

出所：Marriott BonvoyのWebサイト（https://www.marriott.com/ja/loyalty/member-benefits.mi）の情報をもとに作成

Chapter8

**ホテルの格付け**

# ホテルの格付けと評価
# 第三者機関とクチコミランキング

10

日本にはホテルの格付けを行う公的機関が存在しないため、第三者機関による格付けが重視されます。高い格付けを得ることによって、日本のホテルブランドを知らない外国人でも安心してホテルを予約することができます。

## 第三者機関による格付け

ホテルは経験財であり、実際に利用してみなければ品質の良し悪しは分かりません。ホテルを選ぶ際に、公平な評価基準があればよいのですが、日本には公的機関がホテルの格付けを統一的に行うしくみが整備されていません。

ホテルの品質を格付けする権威のある第三者機関として、**フォーブス・トラベルガイド**があります。覆面調査員（インスペクター）が実際にホテルに宿泊して、約900項目のチェックポイントを確認し、評価します。これらの項目のうち、80％以上をクリアすれば4つ星、88％以上をクリアすれば5つ星の格付けが与えられます。2024年、日本国内では13軒のホテル、4軒のスパ、1軒のレストランが5つ星に認定されました。また、フランスのミシュランガイドは2024年よりホテルセレクションを発表しました。星ではなく、キー（鍵）でホテルの格付けが示されます。

このように第三者機関から格付けを得ることによって、インターナショナルホテルチェーンに属さない日本のホテルブランドであっても、外国人も安心してホテルを選ぶことができるのです。

## クチコミサイトのランキング

近年ではクチコミサイトの評価も消費者の購買決定に強い影響を与えます。メタサーチサイトのTripadvisorでは、クチコミのほかに利用者の評価をランキングとして集計しており、Tripadvisor Travelers' Choice Awardsとして公表しています。一定以上の人数の評価を集計すると、そこに信憑性が生まれます。したがって、先述したレピュテーションマネジメントなども、ホテルの評価に影響を与える重要なファクターとなるのです。

---

**フォーブス・トラベルガイド**
Forbes Travel Guide
1958年創設。5つ星の格付けシステムを世界で初めて導入したトラベルガイド。

## ▶ フォーブス・トラベルガイド2024　日本国内の5つ星施設

| | |
|---|---|
| ホテル | ザ・キャピトルホテル 東急 |
| | ハレクラニ 沖縄 |
| | ホテルニューオータニ東京 エグゼクティブハウス 禅 |
| | HOTEL THE MITSUI KYOTO |
| | マンダリン オリエンタル 東京 |
| | The Okura Tokyo |
| | パレスホテル東京 |
| | ザ・ペニンシュラ東京 |
| | ザ・プリンスギャラリー 東京紀尾井町 |
| | ザ・リッツ・カールトン京都 |
| | ザ・リッツ・カールトン大阪 |
| | ザ・リッツ・カールトン東京 |
| | 高輪 花香路（グランドプリンスホテル高輪） |
| スパ | ザ・スパ・アット・マンダリン・オリエンタル・東京（マンダリン オリエンタル 東京） |
| | スパハレクラニ（ハレクラニ 沖縄） |
| | エビアン スパ（パレスホテル東京） |
| | ザ・ペニンシュラ スパ（ザ・ペニンシュラ東京） |
| レストラン | ヌーヴェル・エポック（The Okura Tokyo） |

第8章　ホテルのマーケティング戦略

## COLUMN 8

# 他社ブランドやキャラクターとの コラボレーション

### 他社ブランドとコラボレーション

ラグジュアリーホテルでは、高級ブランドとコラボレーションして、アフタヌーンティーなどの商品を販売しています。コンラッド東京×「スワロフスキー」（クリスタル）、W大阪×「ハリー・ウィンストン」（ジュエリー）、ザ・リッツ・カールトン大阪×「ブレゲ」（時計）など、異業種の高級ブランドとコラボすることによって、そのブランドを愛好する富裕層や新商品に敏感な客層にアピールすることができます。また、こうした新商品はパブリックリレーションズの話題として好材料になり、宣伝効果が期待できます。

さらに、社会的責任や環境問題への取り組みを重視するブランドとコラボすることによって、企業イメージの向上を図るケースもあります。ホテル椿山荘東京はフランスの「ロクシタン」（コスメ）とコラボして、宿泊プランやスパトリートメント、庭園にフレグランスの香りをアレンジするなどのイベントを行っています。「ロクシタン」は、自然と人に寄り添うことをビジョンに掲げ、すべてのプラスチックボトルのリサイクルサービスを行うなど、環境保護に力を入れています。こうしたブランドとのコラボによって、思想に共感する姿勢を打ち出しているのです。

### 人気キャラクターの使用

帝国ホテルは、2001年から漫画『ピーナッツ』のキャラクターであるスヌーピーとコラボして、「ドアマン・スヌーピー」や「料理長スヌーピー」などを発表し、さまざまな商品を展開してきました。2020年には、『ピーナッツ』誕生70周年を記念して、宿泊プランのほか、アフタヌーンティー、コース料理、スイーツやパン、エコバッグやミニ水筒などのオリジナルグッズを販売しました。長く愛されるキャラクターとのコラボによって、その人気を自社商品に取り入れる狙いがあると言えるでしょう。

そのほかにも、『鬼滅の刃』や『名探偵コナン』などの人気アニメとコラボするホテルなどもあり、話題性を狙った企画が打ち出されています。

# 第9章

# ホテルの IT と DX

ホテルでは、PMSによって客室管理を行いながら、レベニューマネジメントシステムやCRMシステムによって収益性を高めています。また、コロナ禍の影響や人手不足の対応のためテクノロジーを活用した非接触・非対面サービス・AIを導入する企業も増えました。

Chapter9
01

ホテル基幹業務システム

# PMS、POSシステムと
# ホテル基幹業務システム

ホテルの業務システムには、客室を管理するPMSや、レストラン業務を処理するPOSシステムなどがあります。日本では、営業系だけでなく管理系システムまで含む「ホテル基幹業務システム」が発展しました。

## PMSとPOSシステム

PMS（Property Management System）とは、ホテルの客室在庫管理と予約処理、販売価格などの情報を一元管理するほか、客室のアサイン（割り当て）、フロントでのチェックイン・チェックアウト、会計業務、レポート集計などを処理するシステムです。世界中の多くのホテルで採用されているPMSは、オラクル社のOPERAです。

POS（Point Of Sale）は、レストランにおけるオーダーテイクとキッチンへの伝達、メニューアイテム管理、会計業務、レポート集計などの処理を行うシステムです。ホテルのレストランでは、宿泊する客室に会計を集約する「部屋付け」があるため、POSはPMSと接続してデータを転送する機能が必要になります。オラクル社のMICROSというPOSシステムが有名です。

## ホテル基幹業務システム

オラクル社のPMSやPOSは独立したシステムであり、それぞれを組み合わせて（接続して）使用することを前提としています。一方、日本ではNECや富士通、東芝などが「ホテル基幹業務システム」を開発してきました。このシステムは客室や料飲といった営業部門だけでなく、経理、仕入等の管理部門の機能を統合したものです。国内ではNECのNEHOPSが有名です。NEHOPSは、営業系システム（宿泊、婚礼・宴会、レストラン）、管理系システム（売上管理・売掛・購買・ダッシュボード）に加えて、統合顧客管理システムまでをパッケージ化した商品です。その他に、タブレットによる客室備品のコントロールが可能になるスマートデバイスオプションなども提供されています。

▶ PMSとPOSのイメージ

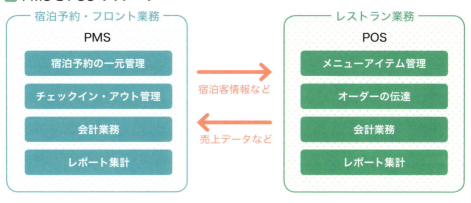

▶ ホテル基幹業務システムの例：NEC「NEHOPS」

出所：NECのWebサイト（https://jpn.nec.com/hotel/nehops/index.html）の情報をもとに作成

Chapter9
02

レベニューマネジメントシステム

# AIによる客室価格の算出
# レベニューマネジメントシステム

レベニューマネジメントでは、過去の実績、競合の動向、イベントなどを総合的に考慮して、客室価格を最適化します。そのためには、膨大な計算処理が必要であるため、近年ではAIを活用したシステムの導入が増えています。

## レベニューマネジメントの自動化

　レベニューマネジメントでは、毎日変動する客室価格を決定するために、過去の販売実績データや競合他社の動向を参考にしながら、顧客セグメントごとの宿泊需要を予測する必要があります。大規模なホテルでは、さまざまな種類の客室タイプを持ち、またMICE関連などの大型案件を受注することもあるため、需要予測が難しく、価格決定までのプロセスは複雑になります。そこで高度な知識と市場を見る目をもつ専門職として、レベニューマネージャーが重要な役割を果たします。レベニューマネージャーは、競合するマーケット内での自社のポジショニングを考慮し、データに基づいて価格を決定します。

　近年では、価格決定に至る複雑なプロセスをAI（人工知能）技術を活用して自動化するレベニューマネジメントシステム（RMS：Revenue Management System）が導入されるようになりました。IDeaS社のRMSは、ヒルトングループなどで採用されています。

## AIによる自動化がもたらすもの

　現在、主要なインターナショナルホテルチェーンはRMSを積極的に導入しています。多くの要素を考慮して日々の販売価格を決定していくという作業は、人間よりもAIのほうが正確かつ効率的にできるでしょう。ホテルチェーンの本社機能がAIを利用して複数のホテルの価格決定を行えば、各ホテルにレベニューマネージャーを置く必要はなくなり、コスト削減につながります。いずれレベニューマネジメントはすべてAIに置き換えられることも考えられます。

## ▶ RMSのイメージ（ブッキング・ペース）

予約の入込み状況（ブッキングペース）を前年と比較することによって、今年の需要の程度を予測します

## ▶ RMSにおける客室の需要予測の判断材料

- 過去実績データ
- 予約入込み状況（ブッキングペース）
- 周辺地域で行われる行事
- シーズンの影響
- チャネル別分析
- 競合他社の販売価格

サイトコントローラー

# PMSと宿泊予約サイトの連携 サイトコントローラー

**Chapter9 03**

サイトコントローラーは、PMSと複数の宿泊予約サイトのデータを同期するシステムです。スピードが求められる客室の在庫や販売価格の表示を瞬時に行うことにより、時間とマンパワーの削減につながります。

## サイトコントローラーの役割

ホテルの客室の予約ソース（販売チャネル）には、直販（ダイレクト・ブッキング）のほか、OTAや旅行会社などがあります。自社の予約情報はPMSで管理していますが、刻々と変化していく客室の在庫情報などを、それぞれの宿泊予約サイトにも即時に反映させる必要があります。

サイトコントローラーは、OTAなどの複数の宿泊予約サイトのデータをPMSと同期して、客室在庫情報や価格などを一括して管理できるシステムです。英語では、Channel Managerと呼ばれます。たとえば手間いらず株式会社が運営する『TEMAIRAZU』は、楽天トラベルやじゃらんなど約50の国内宿泊予約サイト、Booking.com、Expediaなど約20の海外宿泊予約サイトのデータをOPERAやNEHOPSなど約60社のPMSと、連携することが可能です。また、宿泊プラン情報の設定や、予約手仕舞い（販売停止）なども一括して管理することができます。

## サイトコントローラーの効果

客室を販売するすべての宿泊予約サイトに、つねに最新の情報を設定するためには、膨大な時間とマンパワーが必要です。サイトコントローラーを利用することで、これらの作業を自動化して人件費を抑制するとともに、ヒューマンエラーを防止することにもつながります。また、天候や災害などの影響によって突発的に予約が増加したり、大型団体のキャンセルなどがあったりした場合には、一刻も早く予約ソース全体の販売価格と在庫情報を更新しなければ、ビジネスチャンスを失ってしまいます。このような場合にも、サイトコントローラーは強い味方になります。

## ▶ サイトコントローラーの導入前

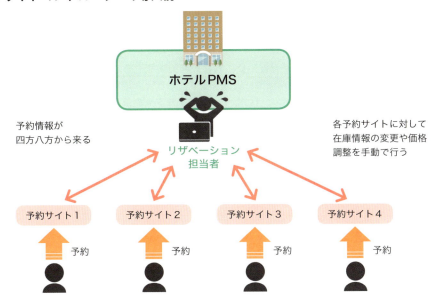

## ▶ サイトコントローラーの導入後

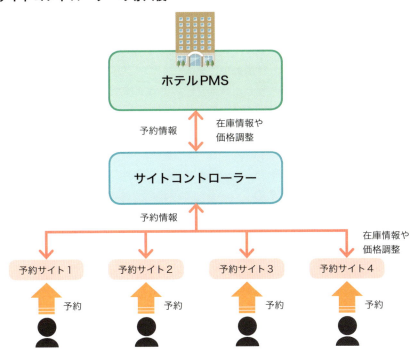

CRMシステム

# 顧客との関係性を深める
# CRMシステム

**Chapter9**
**04**

CRM（顧客関係管理）は、顧客の利用実績や好みをデータベースに蓄積して、さらなる利用促進に役立てます。こうした活動によって顧客はホテルに対して愛着をもつようになり、ロイヤルティを高めることができます。

## メンバーシップ制度とCRM

　ホテル各社のメンバーシップ制度では、ホテルを利用するほどポイントや特典を受けられるしくみを提供することによって、顧客の囲い込みを図っています。さらに、顧客の利用実績をデータベースに蓄積することによって、優良顧客に対する個別の販売促進活動を行い、より多くの利用を促しています。この活動をCRM（Customer Relationship Management）と呼びます。

　通常、新規顧客を獲得するためには多額の広告宣伝費などがかかりますが、既存の顧客に対して適切なオファーを提供することでマーケティング費用を抑えながら顧客満足を高め、LTV（顧客生涯価値）を高めることができるのです。具体的には、会員に対して過去の利用に関連する別の商品の案内や、バースデー特典、新商品の先行販売などをメールやアプリで通知して、購入を促進します。こうした活動が顧客の定期的な利用につながり、次第にホテルに対するロイヤルティが高まっていきます。

## ザ・リッツ・カールトンのミスティーク体験

　ザ・リッツ・カールトンでは、顧客の利用実績や好みをデータベースに蓄積して、系列ホテル間で共有しています。たとえば、そばがら枕を希望した顧客がいれば、その顧客が別の系列ホテルを利用した際に、何も言われなくてもそばがら枕を用意するなどの対応がとれます。このような個々の顧客の好みに対応することによって、顧客に驚きを与える体験をザ・リッツ・カールトンでは「ミスティーク（Mystique）」と呼んでいます。顧客は自分の好みを分かってくれていると感じ、ホテルにより愛着をもつようになり、ロイヤルティが高まるのです。

202

## CRMとは

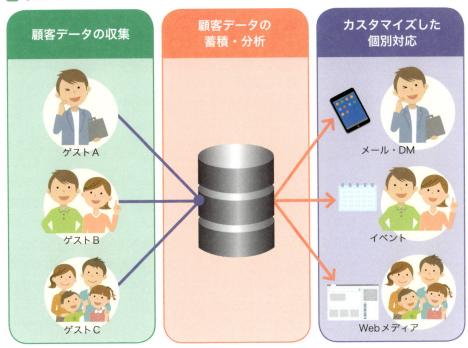

## ザ・リッツ・カールトンのCRMシステム

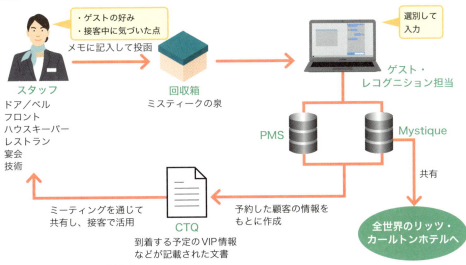

出所：インタビューに基づき著者作成

ICT

# 非対面・非接触サービスの広がり
# ICTの活用による省人化

**Chapter9**
**05**

顔認証技術の進歩とコロナ禍の影響によって、非対面・非接触でのチェックイン・アウトや、鍵を必要としない滞在が可能になりました。顧客の利便性は向上し、ホテルは人員の抑制やサービスへの注力が可能となります。

## 旅館業法の規制緩和とICT活用

2018年に旅館業法施行規則の一部が改正され、ホテル・旅館に玄関帳場（フロント）を設置せずに、ビデオカメラによるお客様の本人確認が認められるようになりました。その後のコロナ禍の影響もあって、現在では非対面・非接触チェックインを行うホテルが増えています。フロントでスタッフと接することなく、端末のカメラで顔を撮影することによって本人確認がなされ、発行される鍵を受け取って客室に向かえばよいのです。さらにクレジットカードで事前決済をしておけば、チェックアウトの際にもフロントに立ち寄る必要はありません。

顔認証技術を活用した入室システムも開発されており、ルームキーを発行することなく、入り口のカメラに顔を認識させるだけで出入りすることも可能です。

## 非対面・非接触サービスの効果

このような非対面・非接触サービスによって、顧客は待ち時間を削減してスムーズな滞在が可能となります。またルームキーが必要なければ、鍵の紛失というリスクもなくなり、よりストレスフリーに滞在することができます。

ホテルにとってもメリットは大きく、とくに宿泊特化型ホテルでは、フロントのスタッフを削減することが可能となり、より低コストでの運営が可能になります。また、ハイタッチなサービスが求められるホテルでは、スタッフはチェックインやチェックアウトの作業から解放され、顧客との会話や周辺案内などのおもてなしに専念することができ、サービス向上とスタッフのモチベーション向上にも寄与することが期待できます。

204

## ▶ 非対面・非接触チェックインのイメージ

事前 / ホテル

宿泊前にスマホアプリなどで情報を登録

生体認証やQRコードでチェックイン

フロントに寄らずにチェックアウト

## ▶ NECのスマートホスピタリティサービス（顔認証チェックイン）

写真提供：NEC

---

 ONE POINT

### ラグジュアリーホテルの非接触・非対面サービス

ICTによる非対面・非接触サービスの導入は、宿泊特化型ホテルなど、低価格と効率性が重視される業態では必然ですが、実はラグジュアリーホテルでも設置が進んでいます。ラグジュアリーホテルでは、基本的にはフロントでの対面チェックインが行われています。それとは別に自動チェックイン機を設置することによって、ゲストが非対面サービスも選択できるようになっています。個々のゲストには考え方やニーズの違いがあり、それらに対して豊富な選択肢を提供することが求められているのです。

**Chapter9**

**06**

スマートフォンアプリ

# 進化するホテルアプリ
# スマートフォンによる利便性

ホテル各社のスマートフォンアプリを使用すれば、ホテルの予約、チェックイン、支払いができるだけでなく、部屋の鍵としても利用でき、ストレスフリーな滞在が実現されます。

## ホテル各社のスマートフォンアプリ

　スマートフォンの普及率が高まり、ほとんどの人が当たり前に所持している現在、ホテル各社のアプリも進化しています。

　たとえばマリオットのMarriott Bonvoy Appは、世界中のホテルの検索、予約、キャンセルができます。アプリ上でチェックイン手続きをした後、部屋の準備が完了した時点でホテルから通知を受け取り、スマホを部屋の鍵（モバイルキー）として入室できるようになります。さらに、外出先から食事をオーダーする機能や、滞在前から滞在後までフロントの担当者とやりとりできるチャットツールもあります。ヒルトンのHilton Honors Appでは、アプリで予約する際に、宿泊する部屋を指定することも可能です。

　こうしたホテル各社のアプリは、メンバーシップ会員証としての機能も搭載しており、利用によって獲得したポイントの確認や使用も可能です。

## ホテルアプリの利便性とホテル経営への効果

　ホテルアプリの利用によって、ゲストはどこからでも予約やチェックインができるようになり、カウンターでの煩雑な手続きや待ち時間を削減できるとともに、よりパーソナライズされたサービスを受けられるようになりました。

　ホテルにとっては、サービススタッフの削減により人件費を抑制でき、また顧客の利用状況データを蓄積することによって、マーケティング等に活用できるメリットがあります。こうした動きが加速すれば、人間が提供するサービスの機会が減少することにつながり、ホスピタリティ産業のあり方そのものが変容していくかもしれません。

##  Marriott Bonvoy App

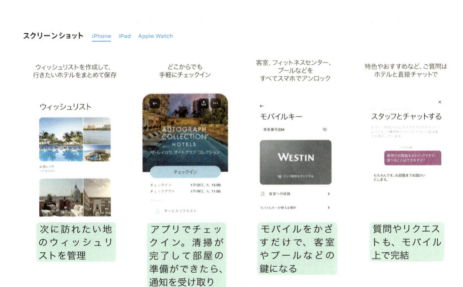

出所：App Store「Marriott Bonvoy App」https://apps.apple.com/jp/app/marriott-bonvoy/id455004730

スマホ1つで予約、チェックイン、モバイルキー、各種サービス手配、精算まで完了できます。

第9章 ホテルのITとDX

チャットボットシステム

# チャットボットシステムの メリットと限界

**Chapter9 07**

AIの進化に伴って、対話形式で質問に回答できるチャットボットは、ホテル業界でも広く利用されるようになりました。顧客と企業の双方にとってメリットがある一方で、対応できる内容には限界もあります。

## チャットボットシステムの種類と機能

チャットボット（chatbot）には、シナリオ型とAI型があります。シナリオ型チャットボットは、あらかじめ用意されたスクリプト（台本）にもとづいて顧客の問い合わせに回答します。ホテルのチェックイン手続きや宿泊予約、施設の利用方法といった基本的な質問に情報を提供するのに適しています。一方、AI型チャットボットは、機械学習技術を用いて顧客からの問い合わせに対応します。顧客の質問に対してよりパーソナライズされた回答を提供でき、顧客のニーズや好みを学習することで、ある程度複雑な問い合わせにも対応することが可能になります。

アクティバリューズ社の「talkappi（トーカッピ）」は、多くのホテルや旅館で採用されているAI型チャットボットです。ホテルの公式Webサイトや LINE 公式アカウント等に組み込んで、よくある質問（FAQ）への回答のほか、チャット上での客室予約やアンケート回収などが可能です。

## チャットボット導入のメリットと限界

顧客にとって、チャットボットは24時間いつでも使えるため、わざわざ電話をかけることなく、気軽に問い合わせることが可能です。さらに多言語対応ができるため、外国人客にとってもストレスフリーです。ホテル側にとっては、よくある質問はチャットボットで対応できるため、マンパワーの削減につながります。

チャットボットシステムを導入するには、事前にスタッフがよく聞かれる質問をヒアリングして、整理する必要があります。また、複雑な質問やイレギュラーな問合せに対しては、対応するスタッフと連絡体制を準備する必要があります。

## チャットボットシステムの種類

### シナリオ型
あらかじめ用意されたスクリプト（台本）にもとづいて問い合わせに回答する
基本的な質問への回答に適している
- ホテルのチェックイン手続き
- 宿泊予約
- 施設の利用方法　など

### AI型
機械学習を用いて問い合わせに回答する
パーソナライズされた質問への対応も可能
- よくある質問への回答
- アンケートの回収
- チャット上での宿泊予約　など

## チャットボット導入のメリット

よくある質問と回答を設定

気軽に質問

### ホテル側のメリット
- 24時間365日対応できる
- ホスピタリティの向上につながる
- マンパワーが削減できる
- 顧客の質問・回答をデータとして活用できる

### 顧客のメリット
- 気軽に問い合わせることができる
- 即時対応してもらえる
- 情報を探す手間が省ける
- 多言語対応してもらえる

第9章　ホテルのITとDX

センシング技術

# Chapter9 08

# センシング技術による
# サービス向上と業務効率化

人感センサーやAIカメラなどのセンシング技術は、コロナ禍によって導入が進みました。コロナ禍が収束した後も、こうしたシステムは顧客満足を高めるとともに、ホテルのオペレーションの効率化に寄与しています。

## センシング技術による混雑状況表示

　コロナ禍の際には密を避け、他人との接触を極力抑制する必要がありました。ホテルにおいては、不特定多数のゲストが集まるレストランやプール、大浴場などの混雑を避けるために、入口の天井に人感センサーやAIカメラを設置して、混雑状況をリアルタイムにスマートフォンやデジタルサイネージで確認できるシステムが導入されました。コロナ禍が収束した現在も、こうした施設の混雑状況が分かることはゲストにとってメリットがあります。同時に、ホテル側にとってはサービススタッフの配置や、清掃などのタイミングを図る目安となり、効率的なオペレーションにつながります。

　また、浴槽に湯温センサーを設置して温度や水位を常に監視し、温度異常などに対応したり、大浴場の使用済みタオルの量を検知して交換を行ったりするなど、センシング技術によってスタッフの確認作業を軽減しながら、サービスを向上することができます。

**センシング技術**
センサーを使用して、様々な情報を数値化する技術。

## 車のナンバーによるゲスト識別

　ラグジュアリーホテルでは、ドアマンがVIPやリピーターの車のナンバーを記憶して、到着する車のナンバーを見ただけでゲストの名前を呼ぶことによって、ゲストの満足度を高めています。センシング技術を応用して、ホテルの駐車場にカメラを設置して車のナンバーを自動撮影し、顧客データベースと照合できれば、熟練のドアマンでなくても同様のスマートなサービスを提供することが可能になります。到着したゲストの情報が、ベルやフロントなどのスタッフに共有され、ゲストはスムーズな滞在を体験することができるのです。

## ▶ 混雑状況表示の例

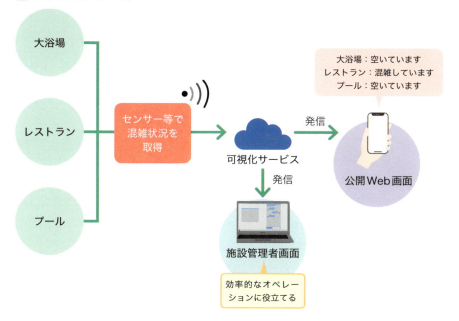

## ▶ 車番認識・車番認証システムの例

ロボット

# ロボティクス技術の応用
# ロボットによる人手不足対応

**Chapter9**
**09**

HISホテルホールディングスが展開する「変なホテル」の登場以後、ホテルにおけるロボティクス技術に注目があつまっています。客室へのアメニティデリバリーや、自走式掃除機など、ロボットが活躍する場は広がっています。

## 📍 変なホテルの挑戦

　HISホテルホールディングスが展開する「変なホテル」は、世界初の「ロボットホテル」としてギネス世界記録に認定されました。エイチ・アイ・エス創業者の澤田秀雄氏の肝いりで発足した「スマートホテルプロジェクト」の一環で誕生し、ロボットによるエンターテインメントの提供と、業務の効率化/生産性の向上、コスト削減を目的としています。

　フロントでは恐竜型や人間型のロボットが、チェックイン・アウト手続きを多言語で行います。客室内にはコンシェルジュロボット「ロボホン」が設置されており、ゲストとのおしゃべりの他、歌や踊りも披露します。現在では国内20店舗のほか、韓国、米国に進出しています。

## 📍 ホテルで活躍するロボット

　多くのホテルで採用されているロボットとして、ゲストの客室までアメニティを届けるデリバリーロボット「Relay（リレイ）」があります。米Savioke社（現Relay Robotics社）が開発したもので、位置情報と3Dカメラを使用して、エレベータの操作もでき、フロントから客室まで障害物を避けながら自走します。

　また、ソフトバンクロボティクス社が開発した清掃AIロボット「Whiz（ウィズ）」は自走式の掃除機で、ホテルの客室フロアの長い廊下や宴会場などの清掃に使用されています。

　レストランでは、ゲストの席まで料理を運ぶ配膳AIロボットを使用するホテルもあります。こうしたロボティックス技術の普及は、人手不足の対策としても有効です。

212

## ▶「変なホテル東京 赤坂」のフロント

写真提供：HISホテルホールディングス

## ▶ デリバリーロボット「Relay」（品川プリンスホテルNタワーにて）

品川プリンスホテルNタワーで導入されているデリバリーロボット。愛称名：HARRY（ハリー）。滞在中に必要なアメニティなどを客室内の電話でオーダーすると、ホテル内を自動走行し客室まで運ぶ。

写真提供：品川プリンスホテル

COLUMN 9

# DXでホテルの仕事はどのように変化するのか？

## 宿泊業の課題とDX

宿泊業では、以前から労働生産性の低さと人手不足が問題視されてきました。令和6年版観光白書でも、宿泊業の課題として労働生産性の水準が他産業に比べて低いことが指摘されています。

これまで紹介してきたように、ホテルではPMSによって客室の在庫管理を行いながら、レベニューマネジメントやCRMシステムによって収益性を高めています。また、AIやセンシング技術、ロボティクス技術を組み合わせた非対面・非接触サービスによって、人間の作業を削減するための工夫をし、オペレーションの効率化をすすめているホテルも増えています。このようなDXの取組は、資金力のある企業では導入されていますが、小規模なホテルや旅館では立ち遅れているのが現状です。大企業ほど経営効率は高まりますが、小規模な企業では収益が増えず、結果的に賃金を上げることも難しくなるため、就業者がますます不足する、という悪循環に陥ることにつながります。

また、ホテルのDX化を論じるうえでは、ホテルのカテゴリーやグレードの違いも見逃せません。低価格が求められる宿泊特化型ホテルなどでは、チェックインの自動化やロボットによる省人化が許容されますが、人と人とのハイタッチなコミュニケーションが重視されるラグジュアリーホテルやリゾートホテルでは、ゲストの満足度を低下させないよう、十分な数のスタッフによる対応が求められます。

## 労働集約産業の再評価

AIやロボティクス技術の進化に伴って、今後人間の仕事が大幅に減少していくことが予想されています。そのような未来において、人間が真価を発揮できる仕事とは、あたたかな人間らしいおもてなしを提供するホスピタリティ産業にほかなりません。労働生産性だけを追求するのではなく、労働集約産業であるからこそ人間が活躍できる場として、パラダイムシフトが必要ではないでしょうか。

# 第10章

# ホテル業界の
# 将来の展望

民泊の台頭やコロナ禍を経て、従来の宿泊産業の価値観は大きく変化しました。サステナビリティの実現や人材育成、地域貢献といった課題にどう対応するか、そして魅力ある滞在先となるための価値創出など、ホテル業界の課題と将来を考えます。

**Chapter10**
**01**

ホスピタリティ産業の再定義

# Airbnbがもたらした
# パラダイムシフト

Airbnbなどの民泊では、客室清掃を簡略化し、アメニティ類も減らすことによって、コストダウンを実現しています。従来のホスピタリティ産業にパラダイムシフトがもたらされつつあります。

**パラダイムシフト**
paradigm shift。その時代や分野において当然のことと考えられていた認識や思想、社会全体の価値観などが、劇的に変化すること。

## Airbnbが問いかけるもの

すでに述べたように、Airbnbはデジタルの力によって、一般の民家に、安心して、安価に宿泊することを可能にしました。

同時に、民泊の台頭は、従来の宿泊産業のあり方に対して、異なる価値観をもたらしました。ホテルでは、塵ひとつなく清掃された部屋に、ベッドにはピンと張られたシーツ、十分な量のアメニティや上質なタオルが毎日用意されます。しかし、果たしてそのようなアメニティは本当に必要なものなのか、タオルやシーツは毎日交換する必要があるのかなど、これまで常識とされてきたことが、見直される機会となりました。素人であるホストが、寝床を準備してくれて、温かく迎え入れてくれれば、居心地のよい滞在ができる。自宅と同様に毎日シーツを換えないことも問題はない、といった価値観です。これらのサービスの省略は、コストの削減にもつながり、宿泊料金の安さに貢献しています。

また、民泊では建物を丸ごと貸し出すスタイルも人気です。一戸建てなので、子どもづれなど、大人数で滞在しても近隣に気兼ねする必要がありません。さらに台所で自炊ができ、洗濯機も使えるため、旅行中の支出を節約することができます。

## ホテル業の変化と今後の課題

コロナ禍の影響によって、スタッフとゲストとの接触機会を減らす意味で、連泊中の客室清掃を行わないホテルが増えました。感染拡大が収束した現在も、依然として連泊中の清掃を提供しないホテルが多く見られます。これは、清掃を行うスタッフ不足と、コスト高が影響しています。低価格で長期滞在しやすく、大人数でも過ごしやすいなどの民泊の利点を、ホテル業がどこまでキャッチアップできるかが、今後の課題と言えるでしょう。

## ▶ 住宅宿泊事業（民泊）の宿泊実績の推移

※この図は、住宅宿泊事業法第14条に基づく住宅宿泊事業者の届出を集計したものであり、簡易宿所における民泊利用分は含まれていません。

出所：観光庁「住宅宿泊事業の宿泊実績について（令和6年4月-令和6年5月：住宅宿泊事業者からの定期報告の集計）」

## ▶ 民泊の魅力

低価格で
長期滞在しやすい

一戸建てだから大人
数でも滞在しやすい

自炊も洗濯もできる
から旅行中の費用が
抑えられる

第10章 ホテル業界の将来の展望

217

**Chapter10 02**

都市型観光ホテル

# 都市型観光ホテル「OMO」星野リゾートの挑戦

星野リゾートが展開する都市型観光ホテル「OMO」は、地元の隠れた魅力をコンテンツとしてガイドツアーを実施しています。この取組により、ゲスト、スタッフ、コミュニティのつながりを強化することにもつながっています。

## OMOの特徴

　2018年、星野リゾートは都市観光を楽しむためのホテルとして、OMO7 旭川とOMO5 東京大塚をオープンしました。OMOブランドのコンセプトは、「テンションあがる「街ナカ」ホテル」。ホテルスタッフが「OMOレンジャー」に扮してまち歩きのガイドをするローカルガイドツアーや、ガイドブックには載っていない地域情報を集めた「ご近所マップ」、旅に便利な機能が詰まったOMOベースなどが特徴です。

　ゲストにとって初めての土地でも、地域をよく知るホテルスタッフがまちなかを案内することによって、地元住人でなければ知りえないディープな魅力を知ることができます。同時に、ゲストとスタッフとの距離が縮まり、また一緒にツアーに参加した他のゲストとの交流も生まれ、忘れられない旅の思い出になります。

## 星野リゾートの挑戦とOMOの強み

　これまで星野リゾートはリゾート地を中心にチェーン展開してきましたが、都市部の観光にフォーカスしてサービスを提供しています。また、キッチンつきの客室や、5〜6人でも利用できる客室もあり、利便性を備えています。

　さらに、OMOレンジャーによるガイドツアーを通して、顧客満足を上げるとともに、地元の商店街や飲食店と良好な関係を築くことにも成功しています。人と人とのつながりや、地域とのつながりを促進する仕掛けづくりを行い、コミュニティのハブとなって、ゲストに唯一無二の体験を提供していくことは、これからの観光業のベストプラクティスであると言えるでしょう。

## ▶ OMOのカテゴリーとサービス内容

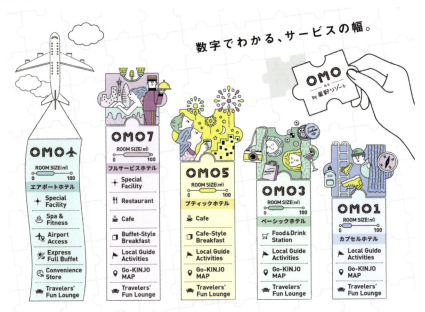

施設名のOMOのうしろにある数字は、サービスの幅を表しており、旅の目的や過ごし方に合わせて最適なホテル選びが可能となっている。

画像提供：OMO by 星野リゾート

## ▶ OMO7大阪 「ええだし出てますわツアー」

写真提供：OMO by 星野リゾート

体験型ホテル

**Chapter10**
**03**

# 求められる体験価値
# 本物のラグジュアリーとは？

ホテルを舞台に上演されるイマーシブシアタープロジェクトは、希少な体験を提供しています。その瞬間、その場所でしか体験できない感動こそが、魅力的なコンテンツになるのです。

## 「泊まれる演劇」

**イマーシブ**

観客が物語を進めることにより、その作品の世界観に入り込んだような体験ができるコンテンツ。没入型演劇。

　2020年、京都のブティックホテル「HOTEL SHE, KYOTO」で、ホテルを舞台に上演される**イマーシブ**シアタープロジェクトとして「泊まれる演劇」がスタートしました。実際にホテルのなかで役者が演技をするだけでなく、宿泊するゲストも登場人物の1人として演劇に参加するという、野心的な取り組みです。コロナ禍であったにもかかわらず（2020年7月まではオンライン上演）、好評を博し、次々と新たな作品が上演され、2024年現在も継続されています。ホテルを経営する株式会社水星の龍崎翔子氏は、「ホテルはメディアである」という理念を掲げ、既成概念にとらわれない取り組みをしています。このプロジェクトは、小規模なホテルだからこそ貸し切りができ、コンセプトに賛同する脚本家や役者、音楽家、デザイナーなどの協力によって、他のホテルでは簡単に模倣することができないコンテンツになったのです。

## 希少な体験の価値

　前節のOMOが提供するガイドツアーや、本節のHOTEL SHE, KYOTOの事例は、その瞬間にホテルに滞在しなければ体験できない唯一無二のものです。未知の世界を体験することは、人間にとって根源的な欲求の一つです。物質的に豊かになった現代社会において、真のラグジュアリーとは、洗練されたデザインや豪華絢爛な物質的贅沢さだけでなく、そこでしか出会えない希少な体験や、他人と感動を共有する瞬間に対する評価が高まっていると考えられます。同様に、各地域の独自の自然環境や、歴史的建造物、伝統的文化、地元食材を使用した料理なども、希少な体験価値をもつコンテンツであるととらえることができるでしょう。

220

▶ 泊まれる演劇『QUEEN'S MOTEL』公演

写真提供：株式会社水星

> 第10章 ホテル業界の将来の展望

### 👍 ONE POINT

## 詩のホテル

HOTEL SHE, KYOTOでは、「泊まれる演劇」のほかにも、詩人とコラボレーションして館内の随所に散りばめられた詩を楽しむ「詩のホテル」を開催して好評を博しました。姉妹ホテルのHOTEL SHE, OSAKAでは、アーティストとコラボレーションして、新アルバムの収録曲ごとの世界観を表現する12種の客室を提供するなどの試みも行われました。いずれも、その時、その場所でしか体験できない希少性をもった商品と言えるでしょう。

**Chapter10 04**

長期滞在型ホテル

# 暮らすようにホテルに泊まる 長期滞在ホテルが人気を集める

コロナ禍の中で生まれた帝国ホテルの「サービスアパートメント」は好評を博しました。インターナショナルホテルチェーンでは、民泊とは一線を画した、上質な長期滞在型のホテルブランドを提供しています。

## 帝国ホテル「サービスアパートメント」

　帝国ホテルは、2021年3月、「帝国ホテル サービスアパートメント」を発売しました。コンセプトは、『"HOTELiving"―ホテルに「住まう」という新しいライフスタイル』であり、東京都千代田区の日比谷公園を望む一等地に、月単位を基本として滞在することができます（最低利用日数は5泊）。当初の価格は、スタジオタイプ（約30㎡）が月額36万円からで、各種アメニティ類（チェックイン日のみ提供）のほか、一週間に3回の室内清掃、リネン、タオル、寝間着類の交換が含まれていました。さらにルームサービスの食事メニューや、ランドリーサービスをサブスクリプション方式で追加することも可能です。この商品は、発売日に即日完売となったため、5月から66室が追加され、2022年2月からはタワー館の全客室（349室）を対象として販売されました。コロナ禍で稼働率が低迷する中で、窮余の策として生まれたアイデアですが、帝国ホテルは2030年の新タワー館完成後も、サービスアパートメントを継続して販売することを発表しています。

## 世界の長期滞在型ホテルブランド

　シンガポールに本社を置く不動産会社キャピタランドは、サービスレジデンスの「アスコット (Ascott)」や「オークウッド (Oakwood)」ブランドを展開しています。また、インターナショナルホテルチェーンでも、長期滞在型ホテルブランドとして、マリオットの「Residence Inn」や、ヒルトンの「Home2」、ハイアットの「Hyatt House」などがあります。いずれも長期滞在を想定して、客室にキッチンや洗濯機を備えています。民泊とは一線を画す美しいデザインや充実した設備が整えられているため、民泊よりも高価格です。

## ▶ 長期滞在型ホテルの特徴

## ▶ インターナショナルホテルチェーンの長期滞在型ホテルブランド

| ホテルチェーン | ブランド |
| --- | --- |
| チョイスホテル | ●MainStay Suites |
| ヒルトン | ●Home2 Suites<br>●HOMEWOOD SUITES |
| ハイアット | ●HYATT house |
| IHGホテルズ&リゾーツ | ●Staybridge Suites<br>●Candlewood Suites |
| マリオット | ●Residence inn<br>●TownePlace Suites<br>●element |
| ウィンダム | ●Hawthorn Suites |

出所：筆者作成

第10章 ホテル業界の将来の展望

サブスク型ホテル

**Chapter10**
**05**

# 進化するサブスク型ホテル
# 閑散期の稼働率向上

定額でホテルを一定期間利用できるサブスク（サブスクリプション）型サービスが人気を集めています。消費者にとっては好きなところで働けるワーケーションに利用でき、ホテルにとっては基礎稼働の向上に貢献します。

## 定額課金による積み立てシステム

　株式会社 KabuK Style が提供する「HafH」は、月2980円からはじめることができるサブスク型の宿泊サービスです。毎月付与されるコインを使用して、全国約1000件の宿泊施設を利用することができます。宿泊しない月はコインが貯金でき、コインが不足したら追加購入することも可能です。利用できる施設には、低価格のゲストハウスから、高額な外資系ホテルや星野リゾートの施設なども含まれます。だれでも気軽にホテル暮らしを体験できることが支持を集め、2019年のサービス開始以来、会員数は10万人を超えました。2023年10月には、台湾でも事業展開することが発表されました。

## 平日の稼働率向上に貢献するサブスク

　株式会社東急が運営する「TsugiTsugi」は、全国200以上の施設から、好きな場所を選び、定額で宿泊可能なサブスク型サービスです。同伴者1名まで無料で宿泊できることが特徴です。2泊、5泊、14泊の「えらべるプラン」と、1カ月間の「まいにちプラン」があり、前者は日曜日から木曜日が対象となっています。平日の集客が難しいホテルにとっては、販売価格をあからさまに下げることなく、定額の範囲内で集客することができ、稼働を上げることにつながります。また、法人向けプランも用意されており、従業員の柔軟な働き方や福利厚生の一環として、リモートワークをしながら旅をするワーケーション利用を提案しています。

　こうしたサブスク型サービスは、需要が変動するホテル業界にとって、基礎稼働を高めることにつながるため、今後もプログラムに加入する施設は増えることでしょう。

## ▶ HafHのシステム

- 国内、海外あわせて2000以上の宿泊施設から選べる
- 土日祝日の宿泊費も平日と変更なし
- 前日までキャンセル料無料
- 会員継続するほど宿泊が割引になる

出所：HafHのWebサイト（https://www.hafh.com/）の情報をもとに作成

## ▶ TsugiTsugiの料金プラン（2024年9月時点）

| プラン名 | えらべる2 | えらべる5 | えらべる14 | まいにち30 |
|---|---|---|---|---|
| 宿泊数 | 2泊／30日間 | 5泊／30日間 | 14泊／30日間 | 30連泊 |
| 宿泊対象施設 | 全国200施設以上から毎日選び放題 ||||
| 同伴者 | 同伴者1名無料・事前登録不要 ||||
| 宿泊可能な曜日 | 日〜木：2泊 | 日〜木：5泊 | 日〜木：10泊<br>金土祝日：4泊 | 制限なし |
| 利用料金（税込） | 23,980円 | 55,800円 | 157,800円 | 299,800円 |
| プラン特典 | 初月無料※ | ― | ― | ― |

※最低利用期間3カ月

出所：TsugiTsugiのWebサイト（https://tsugitsugi.com/plan/）の情報をもとに作成

第10章　ホテル業界の将来の展望

---

### 🖒 ONE POINT

## 「ホテル暮らし」という選択肢

ホテルのサブスクは、一人暮らしをする人にとって、賃貸に代わる選択肢となっています。
アパートより割高に見えますが、交通の便がよいうえに敷金礼金が必要なく、家具もそろっており、かつ電気や水道、Wi-fi料金等も含まれていることを考えれば、施設によっては割安になる場合もあります。自身の予定に合わせて、短期間でも気軽に試すことができる点も評価されています。

**Chapter10**
**06**

分散型ホテル

# 分散型ホテルと地域活性化
# 古民家で「地域丸ごとホテル」

地方部の社会問題である空き家の増加へのソリューションとして、分散型ホテルが増えています。イタリアで生まれたアルベルゴ・ディフーゾ運動など、世界各地で古民家再生による地域活性化が注目されています。

## 再生古民家による分散型ホテル

2020年7月、愛媛県大洲市に「NIPPONIA HOTEL 大洲城下町」が開業しました。街全体を1つのホテルとして捉え、点在する歴史的な建造物を客室などの施設とする分散型ホテルです。同時に、大洲城に1泊100万円で宿泊できる「城泊」プランも販売し、話題となりました。大洲市は「伊予の小京都」とも呼ばれ、町家や古民家など歴史ある建物が多く残っています。その後も市内の長屋群や土蔵群がリノベーションされていき、2023年には26棟31室と、分散型の宿泊施設として国内最大級の規模になりました。

これらの施設を運営するバリューマネジメント株式会社は、古民家など歴史的な建造物を改修して再生するビジネスモデルで、全国各地に運営施設を増やしています。

## アルベルゴ・ディフーゾ運動

地方では、高齢化や過疎化の進行によって、空き家が社会問題になっています。これは日本固有の問題ではありません。イタリアのアルベルゴ・ディフーゾ（Albergo Diffuso）は、集落内の空き家等をホテルとして再生し、レセプション機能を持つ中核拠点を中心に、宿泊施設やレストラン等を一体運営することによって、「地域まるごとホテル」を実現しています。

2006年に設立されたアルベルゴ・ディフーゾ協会は、各地で分散型ホテルの普及をサポートしています。日本では、かつて宿場町として栄えた岡山県の矢掛町にある「矢掛屋INN & SUITES」が、同協会から正式に認定を受けました。このように、古民家を再生して組み合わせ、観光コンテンツとして地域活性化につなげる取り組みが世界各地で広がっているのです。

## ▶ NIPPONIA HOTEL 大洲城下町のコンセプト

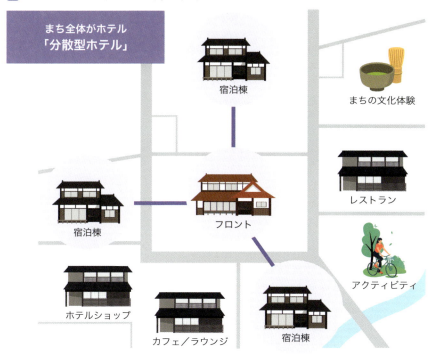

出所：NIPPONIA HOTEL 大洲 城下町のWebサイト（https://www.ozucastle.com/concept）の情報をもとに作成

## ▶ アルベルゴ・ディフーゾのコンセプト

出所：アルベルゴ・ディフーゾのWebサイト（https://albergodiffuso.jp/#Keyforsuccess）の情報をもとに作成

**Chapter10**

**07**

ダイバーシティ＆インクルージョン

# すべての人が安心して滞在 多様な人々への配慮と対応

観光立国を目指す日本にとって、インバウンドの多様な生活習慣や禁忌を理解し、対応することは必須です。とくに食の制限をもつ人々への対応は欠かせません。近年では、性的指向への配慮も重視されています。

## 食の多様性とハラル対応

**ダイバーシティ**
diversity。
多様性。性別、世代、国籍、性的指向、障がいの有無などの違い。

近年、注目が高まっている**ダイバーシティ**への対応は、ホテル業界でも重視されています。

インバウンド客のなかには、食の制限をもつ人々も少なくありません。各種アレルギーはもちろん、ベジタリアン、ヴィーガン、ムスリム（イスラム教徒）などへの対応は必須です。

近鉄グループホールディングスでは、2019年から運営する全直営ホテルをムスリム対応としました。調理と食材保管のスペースを**ハラル**食とそれ以外に分けたり、朝食に豚肉などが含まれないメニューを用意したりするなど、イスラム教の戒律に沿った体制を整えています。また、祈祷のスペースも確保しています。

**ハラル**
イスラム教の教えにおいて「許されている」という意味のアラビア語。例えば、食べ物においては魚介類や野菜・果物などといったものがハラル。一方、豚肉やアルコール飲料などは禁じられたもの（ハラム）。

## 性的指向の多様性への配慮

性的指向の多様性への配慮も大切な要素になっています。2013年、沖縄のホテルパームロイヤルNAHAが、日本のホテル業界で初めてLGBTフレンドリー宣言を行いました。すべての人に優しく自分らしく暮らせる島『ダイバーシティアイランド沖縄』の実現を目指して、館内外にレインボーフラッグを掲げ、2016年にはジェンダーフリートイレを設置しました。

2025年に国際博覧会（大阪・関西万博）開催を控えるなか、OTAのBooking.com日本法人は、2024年から国内の宿泊施設向けに、LGBTQ+など性的少数者への接客時の対応を学ぶ「Travel Proud」プログラムの提供を始めました。

世界中から多くの人々を迎え入れるためには、すべての人々が安心してホテルに滞在することができ、日本での旅行を楽しめることが求められるのです。

228

## ▶ ベジタリアン・ヴィーガンの食事上の制限

| 大分類 | 小分類 | 食事上の制限 ||||||
|---|---|---|---|---|---|---|---|
| | | 赤身肉 | 白身肉 | 魚介類 | 乳製品 | 卵 | その他 |
| ベジタリアン・ヴィーガン（「ベジタリアン等」）(※) | ヴィーガン | × | × | × | × | × | 蜂蜜・ゼラチンなど動物由来成分全般、昆虫 |
| | ラクト・ベジタリアン | × | × | × | ○ | × | - |
| | オボ・ベジタリアン | × | × | × | × | ○ | - |
| | ラクト・オボ・ベジタリアン | × | × | × | ○ | ○ | - |
| セミ・ベジタリアン | ペスカタリアン | × | × | ○ | ○ | ○ | - |
| | ポロタリアン | × | ○ | △ | △ | △ | - |

※ 台湾に多いオリエンタル・ヴィーガン、オリエンタル・ベジタリアンは、仏教の思想に基づき、匂いの強い五葷（ニンニク、ニラ、ラッキョウ、玉ねぎを含むネギ、アサツキ）も食べないベジタリアン等の一種。
また、フレキシブルにヴィーガンを取り入れる「フレキシタリアン」という層も存在。

出所：国土交通省観光庁「ベジタリアン・ヴィーガン／ムスリム旅行者おもてなしガイド資料編」
https://www.mlit.go.jp/kankocho/content/001740444.pdf

## ▶ LGBTQとは

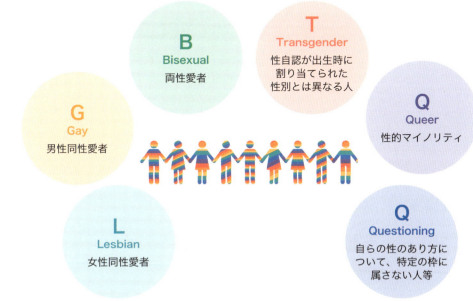

出所：TOKYO RAINBOW PRIDEのWebサイト（https://tokyorainbowpride.com/lgbt/）の情報をもとに作成

Chapter10
08

人材育成
# ホテリエのモチベーションの源泉
# エンパワメントとパーパス

ホテル業の人手不足が深刻化する中、ホテル各社は、賃金水準の向上や福利厚生など、待遇面の見直しを図っています。しかし、ホテリエにとって、仕事のモチベーションの源泉となるものは、それだけではありません。

## エンパワメントの重要性

リッツ・カールトンの共同創業者であるホルスト・シュルツ（Horst Schulze）は、「人生を強く動機付けるものは、金銭ではなく、学習、より大きな責任、他者への貢献、達成したことに対する承認である」と述べています。同社では、スタッフにはゲストにとって最良と思われるサービスを、自分で判断して臨機応変に提供する「エンパワメント」が奨励されます。自分で考えたアイデアに基づいて行動することは、責任を伴いますが、それによってゲストが喜んでくれれば、大きな達成感とやりがいを得られます。そうした経験の積み重ねによって、自らの成長を感じることができるようになるのです。

**エンパワメント**
empowerment。
権限を与えること。
メンバーの考えを積極的に取り入れ、権限を委譲することで、相互に協力しながら自発的に目標の達成を目指そうという考え方。

## 企業の目的と個人の目的の一致

また、シュルツは、「社員を本当にやる気にさせるのは、社員自身の目的だ。社員個人の目的が、会社の目的と一致するなら、会社にとっても社員にとっても喜ばしいことだ」と述べています。

同社の経営理念を示したゴールド・スタンダードには、クレドとして「リッツ・カールトンはお客様への心のこもったおもてなしと快適さを提供することをもっとも大切な使命とこころえています」と記されています。企業が掲げるパーパスに共感するスタッフが、同じゴールを目指して、ゲストのために日々活躍できることが、モチベーションの源泉につながるのです。

仕事に対してやりがいを感じ、活き活きと働く状態を、ワーク・エンゲージメントと呼びます。ホテル経営者は、明確なパーパスを示して、従業員の共感を得て、ワーク・エンゲージメントを高め、最高のサービスを提供していくことが求められているのです。

**パーパス**
Purpose。
本来は「目的、意図」のことだが、近年の経営学においては、組織や個人の「存在意義」を指す。

230

## ▶ リッツ・カールトン「ゴールド・スタンダード」

> ### クレド
>
> リッツ・カールトンは
> お客様への心のこもったおもてなしと
> 快適さを提供することを
> もっとも大切な使命とこころえています。
>
> 私たちは、お客様に心あたたまる、くつろいだ
> そして洗練された雰囲気を
> 常にお楽しみいただくために
> 最高のパーソナル・サービスと施設を
> 提供することをお約束します。
>
> リッツ・カールトンでお客様が経験されるもの、
> それは感覚を満たすここちよさ、
> 満ち足りた幸福感
> そしてお客様が言葉にされない
> 願望やニーズをも先読みしておこたえする
> サービスの心です。

出所:『ゴールド・スタンダード ザ・リッツ・カールトン・ホテル・カンパニー 世界最高のお客様経験を作り出す5つのリーダーシップ法』ジョゼフ・ミケーリ著、ブックマン社 (2009年)

## ▶ ワーク・エンゲージメントの3つの要素

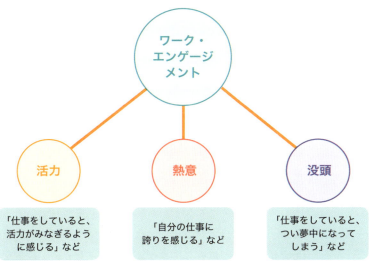

※島津明人、井上彰臣、大塚泰正、種市康太郎 (2014)「ワーク・エンゲイジメント基本理論と研究のためのハンドブック」などを参考に作成
出所:厚生労働省「令和元年版 労働経済の分析」

Chapter10
09

ホテル業界の課題

# 今後のホテル業界の課題
# 人材育成と地域との協働

今後、ホテル業界は二極化することが予想されます。ラグジュアリーホテルでは、モチベーションの高いホテリエの育成が必要です。また、地方活性化のためには、地域のステークホルダーとの価値共創が求められます。

## ビジネスモデルの二極化

　今後のホテル業のビジネスモデルは、二極化していくことが予想されます。一つは、出張需要や、利便性と価格を重視する客層のためのリーズナブルなホテルです。これまで見てきたように、AIやロボティクス、スマートフォン等の進化によって、自動化が進み、省人化がさらに進展することによって、低価格が実現し、労働生産性も向上していくでしょう。

　もう一つは、ラグジュアリーホテルやリゾートホテルなど、唯一無二の体験価値を売りにして、ハイタッチなサービスを提供するホテルです。社会全体でAIやロボティクス化が進展すると、人間による臨機応変で、あたたかみのあるサービスこそが贅沢なものとして認識されるようになるでしょう。そこでは、ゲストのニーズを読み取り、期待を上回るサービスを提供できるホテリエが必要です。そのような人材をどのように集め、モチベーションを高め、育成していくかが大きな課題となります。

## 地域のステークホルダーとの協働

　「観光立国」を実現するうえで課題である地方への観光客誘致については、リゾートホテルなどに期待がかかります。地域の伝統的文化や食材を活用して、その地を訪れなければ体験できない価値を提供するためには、地元の事業者や飲食店、地元住民と協力して、魅力的なデスティネーションを形成していく必要があります。ホテルは地域のハブとなって、個々の価値を統合し、魅力をアピールして集客し、サービスを提供していく役割を担うことが可能です。すべてのステークホルダーのWin-Win関係を築くことが、持続可能な観光地づくりにつながっていくのです。

232

## ▶ ビジネスモデルの二極化

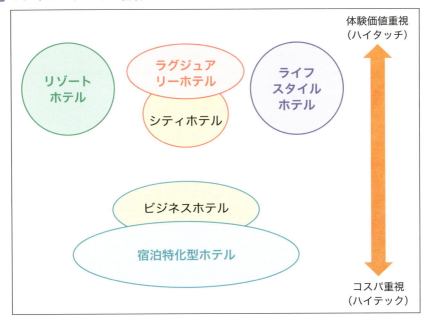

出所：筆者作成

## ▶ 地域との協働

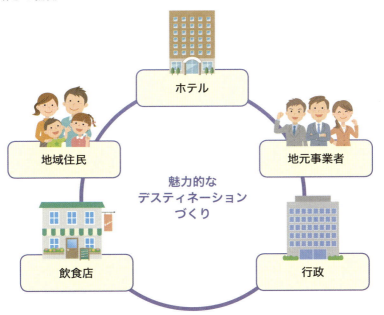

# 索引

## 記号・アルファベット

ADR ··························· 56,80,81
Airbnb ····················· 52,54,216
Booking.com ····················· 200
CRM ························· 202,203
F&Bコントローラー ··········· 164,165
FFE ································· 60
Go To トラベル ····················· 18
HafH ······························ 225
HISホテルホールディングス ········ 212
HOTEL SHE, KYOTO ················ 220
IHGホテルズ＆リゾーツ ········138,139
KPI ································ 80
LGBTQ ····························· 229
LGBTフレンドリー宣言 ·············228
LTV ······························· 202
M＆A ······························ 188
Marriott Bonvoy ·············190,191
Marriott Bonvoy App ·········206,207
MICE ···························· 88,89
NIPPONIA HOTEL 大洲 城下町
····························226,227
OCC ···························· 80,81
OMO··················· 26,218,219
OTA ······························· 184
PMS ····················· 156,196,200
POS ······························· 196
REIT ······························· 74
Relay······················· 212,213
RevPAR ·························· 80,81
RevPASH ··························· 86
SNSマーケティング ················· 182
SOEP ························· 180,181
TEMAIRAZU ························· 200
The Leading Hotels of the World ··· 70,71
The Okura Tokyo ····················· 100
TOKYO CROSS PARK構想········· 98,99
TRUNK(HOTEL) ····················· 50
TsugiTsugi ························ 224
VJ重点22市場 ······················ 24
Whiz ······························· 212
Wホテル ···························· 50

## あ行

アコー ·························· 140,141
アッパーアップスケール ········· 42,43
アッパーミッドスケール ········· 42,43
アップスケール ················· 42,43
アパ社長カレー ···················· 123
アパ直会員 ························ 122
アパホテル ···················· 122,123
アフェリエイト ····················· 70
アメニティ ···················· 26,216
アルベルゴ・ディフーゾ運動
····························226,227
一般宴会ビジネス ··················· 88
井上馨 ···························· 36
イマーシブ ························· 220
インスペクター ····················· 64
インターコンチネンタルホテルズ ····· 138
インバウンド消費額 ················· 16
インバウンド旅行者 ················· 16
ヴィーガン ····················228,229
ウエディングビジネス ··············· 90
ウエディングプランナー ······· 160,161
営業副総支配人 ···················· 166
エイドリアン・ゼッカ ·············· 150
エグゼクティブハウス禅 ········ 102,103
エコノミー ····················· 42,43
エルズワース・スタットラー ····· 34,35
宴会件数 ·························· 92

234

宴会サービス ……………………… 160
宴会部門 ……………… 154,160,161
宴会予約 ……………………… 160
エンパワメント ………………… 230
オークラ ニッコー
　ホテルマネジメント ……… 100,101
オーナー …………… 58,60,64,76
オールインクルーシブ …………… 136
オペレーター ……… 58,62,64,66,76
オリエンタルランド ……………… 118

### か行

外資系ホテル ………………… 42,45,68
価格差別化の手法 ………………… 83
価格帯によるホテルチェーンの
　ブランド分類 ………………… 43
カジノホテル ……………………… 32
カスタマーハラスメント …………… 30
簡易宿所 …………………………… 38
関係人口 …………………………… 14
観光施設における心の
　バリアフリー認定制度 …………… 28
観光輸出収入 ……………………… 12
観光立国 …………………………… 14
観光立国推進基本計画 ………… 14,15
感染防止対策への協力 …………… 30
管理副総支配人 ………………… 166
管理部門 ………………… 164,165
客室数の推移 ……………………… 39
客室ビジネス ……………………… 78
客室予約 ………………………… 156
客席回転数 ………………………… 86
供給曲線 …………………………… 83
共立メンテナンス ………… 128,129
クラシックホテル ………………… 46
グランドシャトー ………………… 118

グランドメルキュール …………… 140
グリーティング …………………… 158
グループレート ………………… 78,79
車椅子使用者用客室 …………… 28,29
経理部門 ………………… 164,166
下宿 ………………………………… 38
広告宣伝 ………………………… 176
購買部門 ………………… 164,166
交流人口 …………………………… 14
コーポレートレート …………… 78,79
ゴールド・スタンダード ………… 231
顧客セグメント …………………… 78
国際観光ホテル整備法 …………… 40
国際儀礼（プロトコール）………… 88
心のバリアフリー ………………… 28
御三家 ……………… 44,98,100,102
固定費 ……………………………… 82
コミッション ……………………… 70
コンシェルジュ ………………… 156
コンバージョン ………………… 180
コンベンションレート ………… 78,79
コンラッド・ヒルトン …………… 134

### さ行

ザ・リッツ・カールトン ………… 202
サービス・プロフィット・
　チェーン ……………………… 130
サービス料 ………………………… 94
再生ビジネス ……………………… 74
サイトコントローラー ………… 200,201
サステナビリティ ………………… 26
サブスク型ホテル ……………… 224
サブブランド …………………… 120
三大都市圏 …………………… 12,20
施設管理 …………………………… 58
施設部門 ………………………… 164

235

持続可能な観光地づくり……… 15,232
シティホテル ………………… 42,44,98
渋沢栄一 ……………………… 36,98
車番認識・車番認証システム …… 211
シャングリ・ラホテル …………… 146
住宅宿泊事業法………………… 52,53
周辺環境………………………… 56
宿泊業従事者の待遇改善 ……… 22
宿泊施設数の推移 ……………… 39
宿泊特化型ホテル ……………… 48
宿泊部門 ……………… 154,156,157
需要曲線 ………………………… 83
主要ポスト ……………………… 66
需要予測 ………………… 82,198
食堂部門 ……………… 154,158,159
所有直営方式 …………………… 60
新御三家 ……………………… 44,108
人前式 …………………………… 90
スーパーホテル ………………… 48,49
ステルスマーケティング ……… 182,183
スマートホスピタリティ
　　サービス ………………… 205
西武ホールディングス …… 68,69,104,105
セールス＆マーケティング部門
　　…………………… 162,163,174
セザール・リッツ ……………… 34
接収 …………………………… 36
全国旅行支援………………… 18
全産業と宿泊業の賃金の推移…… 23
センタラグランドホテル ………… 148
総支配人 ……………… 154,166
装置産業 ………………………… 56
総務部門 ………………………… 164
総料理長 ………………………… 166
ソフトブランド …………………… 112
ソムリエ ………………………… 158

## た行

大安吉日 ………………………… 90
第一次ホテル建設ブーム ……… 36
体験型ホテル …………………… 220
ダイバーシティ ………………… 228
タイムシェア …………………… 133
地域格差 ………………………… 20
地域活性化 ……………………… 226
地域観光事業支援（県民割）… 18
地域コミュニティとの共存共栄 …… 26
チップ ………………………… 94,95
チャットボット ………………… 208
長期滞在型ホテル ……………… 222
賃料 …………………………… 58,62
築地ホテル館 …………………… 36
低価格競争 ……………………… 48
帝国ホテル ……………… 36,98,222
ディシャップ …………………… 158
ディスカウントレート ………… 78,79
デジタル・マーケティング ……… 180
デジタルノマド ………………… 18
デスティネーション ………… 12,232
デュシタニ ……………………… 148
ドアマン ……………… 156,157
東急ホテル ……………………… 106
東急ホテルズ＆リゾーツ ……… 106,107
東京ディズニーリゾート・
　　バケーションパッケージ …… 118
東横INN ………………………… 126
ドーミーイン …………………… 128
独立系ホテル …………………… 70
床の間 …………………………… 40
都市型観光ホテル ……………… 218
泊まれる演劇 …………………… 220
トラベルエージェントレート …… 78,79

## な行

ナシ婚 ·················· 90
日本におけるホテルの分類 ········· 42
ニュー・オータニ ········· 102,103

## は行

パークハイアット ·········· 44,136
バーテンダー ················ 158
ハードウェア ················ 56
ハートビル法 ················ 28
パーパス ··················· 230
ハイアットホテルズ&リゾーツ
················· 136,137
ハイアットリージェンシー ········· 136
ハウスキーピング ············· 156
爆買い ···················· 16
泊食分離 ··················· 40
バスパーソン ················ 158
パブリック・リレーションズ ······ 178
パラダイムシフト ············· 216
ハラル ···················· 228
バリアフリー法 ··············· 28
ハレクラニ ················· 116
パレスホテル ················ 110
阪急阪神ホテルズ ············ 70,71
ビジネスホテル ············· 42,48
非対面・非接触チェックイン ······ 204
ヒューマンウェア·············· 56,57
フォーキャスト ············· 96,134
フォーシーズンズ・ホテル ····· 144,145
フォーシーズンズホテル
椿山荘東京 ············· 108
フォーブス・トラベルガイド ······· 192
藤田観光 ················ 108,109
ブッキングペース ············· 199

## 

プッシュ戦略················ 174,175
ブティックホテル ·············· 50
踏み込み床 ················· 40
ブライダルフェア ············ 186,187
フランチャイズ契約方式 ········ 64,65
ブランドスタンダード ·········· 188
ブランドポートフォリオ ······· 132,136
プリンスホテル ············ 104,213
フルサービス型ホテル ··········· 44
プル戦略·················· 174,175
ブレジャー ················ 18,19
プロモーション・ミックス ····· 174,175
フロントオフィス ············· 156
フロントサービス ············· 156
分散型ホテル ··············· 226
平均客単価 ················ 86,92
平均宿泊数 ················· 18
ベジタリアン ·············· 228,229
ベストアベイラブルレート ······ 78,79
ペニンシュラ ··············· 146
ベル ···················· 156,157
変動費 ···················· 82
星のや ···················· 120
星野リゾート ··········· 74,120,121
ホストマリオット ············ 68,132
ホテリエ ··················· 168
ホテルアプリ ··············· 206
ホテルオークラ ·············· 100
ホテル基幹業務システム ········· 196
ホテル暮らし ··············· 225
ホテルニューオータニ ·········· 102
ホテルの語源 ··············· 35
ホテルビジネスの3つの機能 ········ 59
ホテルビジネスの構成要素 ········· 57
ホリデイ・イン ·············· 138
ホルスト・シュルツ ··········· 230

237

ホワイエ ……………………………… 88

## ま行

マイクロツーリズム ………………… 18
マネジメント（経営幹部）………… 167
マネジメント・コントラクト方式
………………………………………… 66
マネジメントトレーニングプログラム
………………………………………… 170
マリオット ………………………… 132
マンダリン・オリエンタル ……… 142
ミスティーク……………… 202,203
三井不動産……………… 68,116,117
ミッドスケール………………… 42,43
ミリアルリゾートホテルズ …… 118,119
民泊 ……………………… 38,52,216
ムスリム …………………………… 228
メインダイニング ………………… 84
メタサーチ ………………………… 184
メルキュール……………………… 140
メンバーシップ制度 ………… 190,202
持たざる経営 ……………………… 68
モバイルキー ……………………… 206
森トラスト ………………… 114,115

## や行

矢掛屋INN & SUITES ……………… 226
ユニバーサルツーリズム …………… 28
ヨコハマ・ホテル ………………… 36
ヨット ……………………………… 133
夜鳴きそば ………………………… 128

## ら行

ライト館 …………………………… 98
ライフスタイルホテル ……………… 50
ラグジュアリー……………… 42,43

ラグジュアリーホテル ………… 24,150
ラフォーレ倶楽部 ……………… 114
リーガロイヤルホテル …………… 112
リース方式 ………………………… 62
リゾートホテル ………………… 42,46
立地によるホテルの分類 ………… 57
リファーラル ……………………… 70
リミテッドサービス型ホテル ……… 42
料飲部門 …………………………… 84
旅館 ………………… 38,40,74,150
旅館業法 ……………………… 30,38
旅館業法の規制緩和 ……………… 204
ルートイン ………………………… 124
ルームレート ……………………… 78
レジデンス ………………………… 133
レストランビジネス……………… 84
レセプション ………………… 156,157
レピュテーションマネジメント …… 182
レベニューマネジメント ……… 82,198
レンタブル比 ……………………… 126
労働集約産業 ……………………… 56
ローカルガイドツアー …………… 218

## わ行

ワーク・エンゲージメント …… 130,230
ワーケーション ………………… 18,19
ワシントンホテル ………………… 108
和洋折衷料理 ……………………… 90

# 参考文献

David K. Hayes, Allisha Miller (2010) *Revenue Management for the Hospitality Industry.* Wiley.

David L. Jones, Jonathon Day & Donna Quadri-Felitti (2013) Emerging Definitions of Boutique and Lifestyle Hotels: A Delphi Study, *Journal of Travel & Tourism Marketing*, 30:7, 715-731

Gilmore, J. H., & Pine, B. J. (2002) Differentiating hospitality operations via experiences: Why selling services is not enough. *Cornell Hotel and Restaurant Administration Quarterly*, 43(3), 87-96.

Stutts A., Wortman J. (2005) *Hotel and Lodging Management: An Introduction 2nd edition.* Wiley.


チップ・コンリー、(訳) 関美和、大熊希美 (2018)『モダンエルダー』日経BP

運輸省鉄道総局業務局観光課 (1947)『日本ホテル略史』

一般財団法人日本ホテル教育センター編 (2006)『ホテル起業の基本』プラザ出版社

日本ホテル協会 (2009)『日本ホテル協会百年の歩み』オータパブリケイションズ

帝国ホテル編 (2010)『帝国ホテルの120年』

山口由美 (2018)『日本旅館進化論 星野リゾートと挑戦者たち』光文社

著者紹介

## 吉田 雅也（よしだ まさや）

淑徳大学 経営学部 観光経営学科 教授。筑波大学大学院人文社会ビジネス科学学術院ビジネス科学研究群経営学学位プログラム修了。修士（経営学）。青山学院大学大学院国際マネジメント研究科国際マネジメント専攻修了。経営管理修士（MBA）。1993年、株式会社東急ホテルチェーン（現：東急ホテルズ）入社。フロント、人事総務などを経て、2000年より本社 経営管理室担当マネージャー等を歴任。2005年、MT＆ヒルトンホテル株式会社入社。コンラッド東京 財務経理部課長などを務める。2014年、株式会社パレスホテル入社。経理部支配人を務める。明海大学ホスピタリティ・ツーリズム学部准教授を経て、2017年4月より現職。

- ■装丁　　　　井上新八
- ■本文イラスト　関上絵美・晴香／イラストAC
- ■本文デザイン　株式会社エディポック
- ■編集／DTP　株式会社エディポック
- ■担当　　　　佐久未佳

---

**図解即戦力**
# ホテル業界のしくみとビジネスがこれ1冊でしっかりわかる教科書

2024年11月14日　初版　第1刷発行
2025年 7月17日　初版　第2刷発行

著　者　吉田 雅也
発行者　片岡 巌
発行所　株式会社技術評論社
　　　　東京都新宿区市谷左内町21-13
　　　　電話　03-3513-6150　販売促進部
　　　　　　　03-3513-6166　書籍編集部
印刷／製本　株式会社加藤文明社

©2024　吉田雅也・株式会社エディポック

定価はカバーに表示してあります。
本書の一部または全部を著作権法の定める範囲を超え、無断で複写、複製、転載、テープ化、ファイルに落とすことを禁じます。
造本には細心の注意を払っておりますが、万一、乱丁（ページの乱れ）や落丁（ページの抜け）がございましたら、小社販売促進部までお送りください。送料小社負担にてお取り替えいたします。

ISBN978-4-297-14482-1 C0034　　　　Printed in Japan

---

◆ お問い合わせについて

・ご質問は本書に記載されている内容に関するもののみに限定させていただきます。本書の内容と関係のないご質問には一切お答えできませんので、あらかじめご了承ください。

・電話でのご質問は一切受け付けておりませんので、FAXまたは書面にて下記問い合わせ先までお送りください。また、ご質問の際には書名と該当ページ、返信先を明記してくださいますようお願いいたします。

・お送りいただいたご質問には、できる限り迅速にお答えできるよう努力いたしておりますが、お答えするまでに時間がかかる場合がございます。また、回答の期日をご指定いただいた場合でも、ご希望にお応えできるとは限りませんので、あらかじめご了承ください。

・ご質問の際に記載された個人情報は、ご質問への回答以外の目的には使用しません。また、回答後は速やかに破棄いたします。

◆ お問い合せ先

〒162-0846
東京都新宿区市谷左内町21-13
株式会社技術評論社　書籍編集部
「図解即戦力
ホテル業界のしくみとビジネスが
これ1冊でしっかりわかる教科書」係
FAX：03-3513-6183

技術評論社ホームページ
https://book.gihyo.jp/116